Γιάννης Ψωμιάδης

Εν ΤΑΧΙ

Σχεδιασμός - Ηλεκ. Επεξεργασία Εξωφύλλου: Γιώργος Κράλλης
Σκίτσα - Μακέτα Εξωφύλλου: Κώστας Παυλίδης
Επιμέλεια Κειμένων: Κατερίνα Τζαμαλή
Επιμέλεια Έκδοσης - Σελιδοποίηση: Εκδόσεις Μέθεξις
Χάρτης σελ. 102 Google Earth.

Κεραμοπούλου 5, Θεσσαλονίκη Τ.Κ. 546 22
Τηλ. - Φαξ: 2310-278301
e-mail: info@metheksis.gr
www.metheksis.gr

ISBN: 978-960-6796-13-5

Γιάννης Ψωμιάδης

Εν ΤΑΧΙ

μέθεξις

Θεσσαλονίκη 2009

Πρόλογος

Στην αρχή ήταν ένα blog στο δίκτυο... Δεν ήταν έτσι... Ας το ξεκινήσω από πιο παλιά. Από μικρό με γοήτευε η «απομακρυσμένη επικοινωνία». Ασύρματοι, ραδιόφωνο, Penfriends. Μετά ξεκίνησε το Ίντερνετ κάπου το 1994. Η απομακρυσμένη επικοινωνία πήρε τη μορφή του IRC (undernet, #hellas κυρίως) για αρκετά χρόνια. Και όταν τελείωσε και το IRC για μένα, υπήρχαν ήδη ένα σωρό πράγματα να κάνει κανείς Online.

So many things, so little time.

Κάποια στιγμή, ξεκίνησα να γράφω για περιστατικά που συνέβαιναν κατά την οδήγηση. Τα περισσότερα τα έγραφα μέσα στο ΤΑΞΙ, στο Car PC όπου τρέχει το γνωστό taxi navigator... και αργότερα "τα ανέβαζα" στο blog από το σπίτι...(όχι, δεν είχα internet στο ΤΑΞΙ).

Γιάννης Ψωμιάδης

Τα περιστατικά είναι όλα αληθινά και τα μεταφέρω όσο καλύτερα τα θυμάμαι (φροντίζοντας προφανώς να μην εκθέσω τα πρόσωπα που αφορούν οι ιστορίες, καθώς και μετά από αυτό το βιβλίο οι ζωές όλων μας συνεχίζονται). Και ενώ μεταξύ των συναδέλφων δεν είναι ασυνήθιστες ιστορίες (με τις παραλλαγές τους), για τους υπόλοιπους ελπίζω να έχουν κάποιο ενδιαφέρον.

Μέσα από το blog γεννήθηκε το "Εν ΤΑΧΙ" το βιβλίο που κρατάτε στα χέρια σας.

Εύχομαι καλή ανάγνωση και καλά χιλιόμετρα σε όλους, και αν από κάτι σκάτε να είναι από υγεία.

Πόσες φορές θα ακούσω τα ίδια...

Είναι φυσικό κάτω από συγκεκριμένες συνθήκες, διάφοροι άνθρωποι να λένε περίπου τα ίδια πράγματα. Παρακάτω επισημαίνω μερικά, τα περισσότερα από τα οποία είναι τόσο κλισέ που έχω πραγματικά βαρεθεί να τα ακούω. Συνήθως με αυτά ακριβώς τα λόγια:

«Τα αυτοκίνητα έχουν γίνει πιο πολλά από τους ανθρώ-πους. Κάθε σπίτι έχει τρία αυτοκίνητα τουλάχιστον».

Συνήθως βέβαια αυτοί που το λένε έχουν τουλάχιστον τρία αυτοκίνητα στο σπίτι τους. Η παραπάνω ατάκα σχεδόν πάντα συνοδεύεται και από το:

«Κοίταξέ τους. Ένας σε κάθε αυτοκίνητο. Που πάνε όλοι αυτοί μόνοι τους;»

Και συνήθως μετά τις δέκα το πρωί:

«Καλά γιατί τόση κίνηση; Όλοι αυτοί τώρα πάνε στις δουλειές τους ή δεν έχουν δουλειά και κάνουν βόλτα;»

Όσο για τη ζώνη ασφαλείας:

«*Εδώ που λέει ότι η ζώνη ασφαλείας είναι υποχρεωτική, σημαίνει ότι πρέπει να την φορέσω κι εγώ;*»

«*Όχι ειδικά εσείς είστε εξαίρεση στον κανόνα*», απαντάω συνήθως, και τις περισσότερες φορές με πιστεύουν(!) με αποτέλεσμα να χρειάζεται να εξηγήσω ότι αστειεύομαι και ότι το πρόστιμο είναι 350 ευρώ!

«*Μήπως ξέρεις πόσο είναι το σκορ; Δεν παρακολουθείς ποδόσφαιρο; Ταξιτζής και δεν ασχολείται με τα αθλητικά;*»

Όχι δεν ασχολούμαι. Αλλά για να μη χαλάω τα στερεότυπά σας, την επόμενη φορά θα ακούω αθλητικό ραδιόφωνο στο τέρμα, θα καπνίζω με κλειστά παράθυρα, θα φοράω χρυσές καδένες, θα αφήσω μουστάκι, θα μείνω άπλυτος καμιά βδομάδα και θα σας αποκαλώ «μαντάμ» ή «φιλαράκι» κατά περίπτωση…

«*Πώς πάνε οι δουλειές;*»

Πώς να πηγαίνουν δηλαδή; Έχω κάτι φορτία στον Παναμά για εκτελωνισμό, και μου έχουν δώσει και ακάλυπτες επιταγές.

«*Εσείς εδώ κάνετε πιάτσα;*»

Ναι. Αμέσως μόλις αποβιβάσω π.χ. στην Περαία, επιστρέφω τρέχοντας στην πιάτσα της Σταυρούπολης όπου με βρήκατε.

Εναλλακτικά, όταν με έχουν ρωτήσει που μένω και συμπτωματικά από εκεί κοντά έχουν επιβιβαστεί:

«*Α, εδώ κοντά μένετε γι΄ αυτό κάνετε πιάτσα εδώ ε; Αφού είμαστε γείτονες θα μου δώσετε το τηλέφωνό σας να σας παίρνω όταν θέλω ταξί;*»

Βεβαίως γιατί αμέσως μόλις αποβιβάσω π.χ. στο Ωραιόκαστρο, επιστρέφω τρέχοντας στη γειτονιά μου, όπου και περιμένω είκοσι τέσσερις ώρες το εικοσιτετράωρο να εξυπηρετήσω τους γείτονες. *«Στην οδό Ανδρούτσου στις Συκιές θέλω να με πάτε. Τι! Δεν την ξέρετε;!»* Όχι δεν την ξέρω. Μετά από σχεδόν 6 χρόνια πλέον μπορώ να πω ότι για κάθε δρόμο που ξέρω, υπάρχουν 40 που δεν ξέρω ή δεν θυμάμαι που ακριβώς βρίσκονται. *«Πού πάμε από εδώ;»* Κυρίως γυναίκες κάποιας ηλικίας, ενώ κόβω δρόμο ή αποφεύγω την κίνηση. *«Ο άντρας μου/γιος μου πηγαίνει πάντα από εκεί».* Κι εγώ από εκεί θα πήγαινα αν ήθελα να σας κάνω κύκλο ή να μείνω στην κίνηση μισή ωρίτσα. *«Α, καλά πήγαινε όπως νομίζεις».* Επειδή δεν έχει ή δεν θέλει να καταλάβει ότι την συμφέρει η διαδρομή. Το παραπάνω λέγεται συνήθως με έναν δεικτικό ή εκνευρισμένο τόνο που υπονοεί *«ξέρω ότι πας να με κλέψεις»* και ακολουθείται από το *«επειδή βιάζομαι το λέω όχι τίποτε άλλο».* Επειδή πιστεύεις ότι σε κοροϊδεύω το λες, όχι τίποτε άλλο.

Καζίνο με την όπισθεν

Πηγαίνω σε κλήση στην Άνω Πόλη. Ένα τετράγωνο πριν από το στίγμα (στην ορολογία του ΤΑΞΙ στίγμα είναι το σημείο στο οποίο πηγαίνεις ή βρίσκεσαι) με σταματάει μια κυρία με έντονες κινήσεις των χεριών. Με το ένα μου κάνει νόημα να σταματήσω ενώ με το άλλο μου δείχνει ότι αυτή είναι που έχει πάρει τηλέφωνο.

Μπαίνει μέσα με την αγωνία δεκαπεντάχρονης που δεν θέλει να την δει ο μπαμπάς της και μου λέει:

«Στο καζίνο θα πάμε, αλλά κάντε σας παρακαλώ όπισθεν να φύγουμε».

Το αίτημα δεν είναι παράλογο, αλλά είμαστε σε στενό δρομάκι και η όπισθεν μας πάει αντίθετα από την πιο σύντομη διαδρομή για το καζίνο. Τέλος πάντων, κάνω όπισθεν και ξαναβρίσκομαι τελικά να πηγαίνω κανονικά. Δυο στενά πιο πέρα με βάζει να στρίψω και τελικά κάνουμε έναν μικρό κύκλο και καταλαβαίνω ότι σκοπός της είναι να αποφύγουμε το σημείο στο οποίο πήγαινα να την παραλάβω κανονικά.

Σταματάμε να πάρουμε μια φίλη της και καθώς επιτέλους ξεκινάμε μου λέει:

«Συγνώμη για την ταλαιπωρία. Είπα στον γιο μου ότι πάω για καφέ στην φίλη μου (αυτήν που πήραμε με το ΤΑΞΙ) γιατί αν μάθει ότι πάω πάλι στο καζίνο, θα μου βάλει τις φωνές».

Αθηναίοι συνάδελφοι

Το μακρινότερο δρομολόγιο που μου έχει τύχει με το ΤΑΞΙ, στα 5 και πλέον χρόνια που το οδηγώ, ήταν στην Αθήνα, και μάλιστα τον πρώτο χρόνο της «καριέρας» μου. Το δρομολόγιο αποδείχθηκε ειδική αποστολή...

Η διαδρομή ήταν κουραστική και αργή λόγω καιρού, έβρεχε σχεδόν ασταμάτητα, οι δυο πελάτισσες ήταν υπερήλικες, πάθαμε λάστιχο (η αλλαγή του οποίου έγινε με τις πελάτισσες ΜΕΣΑ στο ΤΑΞΙ!), είδαμε και πάθαμε να βρούμε το σπίτι στο οποίο πήγαιναν, στην επιστροφή ο υαλοκαθαριστήρας του οδηγού ξεβιδώθηκε και επισκευάστηκε επί τόπου... Το καλύτερο όμως συνέβη μέσα στην Αθήνα με τους εκεί συναδέλφους:

Αφού με το καλό φτάσαμε και κατέβηκαν οι πελάτισσες, ξεκίνησα να βρω τον δρόμο της επιστροφής.

15

Πόσο δύσκολο μπορεί να είναι; Πολύ. Γιατί navigator ακόμη δεν υπήρχε.

Ευκολότερη λύση μου φάνηκε να ρωτήσω κάποιον συνάδελφο. Εξάλλου, εμείς εδώ στη Θεσσαλονίκη δίνουμε οδηγίες και απαντάμε στις ερωτήσεις.

Ο πρώτος που ρώτησα, δεν απάντησε καθόλου. Με κοίταξε για μερικά δευτερόλεπτα σαν έντομο που κόλλησε στο τζάμι, και μετά κοίταξε αλλού.

Ο δεύτερος καταδέχτηκε να μου μιλήσει:

«Από που να πάω για να βγω τελικά στην Εθνική Οδό για Θεσσαλονίκη;»

«Από που είσαι;»

«Θεσσαλονίκη».

«....» (Απλώς έφυγε, δεν μου είπε τίποτε περισσότερο!)

Στον επόμενο ήμουν λίγο πιο τυχερός. Αυτός μου έδωσε μια γενική κατευθυντήρια οδηγία, να' ναι καλά ο άνθρωπος.

Με την κατευθυντήριά του βρέθηκα μποτιλιαρισμένος άγνωστο πού. Νύχτωνε, έβρεχε, ο κόσμος προσπαθούσε να μπει στο ΤΑΞΙ (μα καλά, δεν βλέπεις ότι δεν είναι το κίτρινο της Αθήνας αλλά το μπλε άσπρο της Θεσσαλονίκης; Τόση απελπισία για ΤΑΞΙ πια; Προφανώς).

Περίπου μισή ώρα μετά, και ενώ αναρωτιέμαι αν όντως πηγαίνω καλά, μποτιλιαρισμένος σε δρόμο χωρίς πεζούς, συναντάω και άλλο συνάδελφο που έρχεται από το αντίθετο ρεύμα. Η τύχη το φέρνει να σταματήσει δίπλα μου.

Ευκαιρία που δεν χάνω:

«*Για Θεσσαλονίκη καλά πηγαίνω από δω;*»
«*Όχι!*»
«*Όχι;*». Με κόβει κρύος ιδρώτας...
«*Όχι. Θα κάνεις πίσω, θα πας στον Πειραιά και θα πάρεις το καράβι να βγεις στην Καβάλα. Από εκεί θα πας πιο γρήγορα*», μου λέει και φεύγει.

Δεν θα μου ζητήσει οδηγίες κανένα κίτρινο ΤΑΞΙ για να βγει στην Εθνική για Αθήνα; Στη Χαλκιδική θα τον στείλω!

Γιάννης Ψωμιάδης

Από τις Μούσες στο Γκαλά

Οι δυο κοπέλες, στην κρίσιμη ηλικία άνω των 30, μπαίνουν στο ΤΑΞΙ από τις "Μούσες" και κατευθύνονται στο "Γκαλά". (Αμφότερα είναι νυχτερινά μαγαζιά της Θεσσαλονίκης, με προσανατολισμό στην ελληνική μουσική).

Είναι Σάββατο βράδυ, κοντά στις 2, και τα κέφια τους έχουν ενισχυθεί από τα τρία-τέσσερα ποτά που έχουν πιει, τα περισσότερα κερασμένα, συν τα (κερασμένα επίσης) σφηνάκια.

Η συζήτησή τους, ποιος τις κέρασε, πώς ήταν, κλπ. Η κοπέλα που έχει καθίσει μπροστά, εν μέσω των κοινωνικών σχολίων προσπαθεί να βαφτεί. Ξαφνικά γυρίζει και μου λέει:

«Καλά, τι ΤΑΞΙ είναι αυτό; Να μην έχεις ένα ρουζ, μια μάσκαρα, ένα κραγιόν να διορθώσουμε το μακιγιάζ!»

«Α έχω, της απαντάω. Απλώς είναι στο ντουλαπάκι του μπάνιου, και η τουαλέτα μαζί με τον έλικα και την χρονομηχανή βρίσκονται στο συνεργείο για service».

«Αχ εξυπνούλης είσαι, πετιέται η πίσω».

«Όχι πάντα, της απαντάω».

Λέμε μερικά ακόμη μικρά, χαζά, (κυρίως απαντάω κάπως εκνευρισμένα στα μισομεθυσμένα τους σχόλια) που δεν θυμάμαι. Τελικά η κοπέλα πίσω, που μάλλον της έχω «γυαλίσει» (είναι και τα ποτά που έχει πιει), ξαφνικά μου λέει:

«Δεν έρχεσαι μαζί μας να σε κεράσουμε κανένα ποτάκι;»

«Είμαι έξω για δουλειά, της απαντάω. Αν ήθελα να πάω για ποτάκι, θα έβγαινα με την γυναίκα μου».

«Α παντρεμένος είσαι; πετιέται τώρα η μπροστά. Και πώς τη λένε τη γυναικούλα σου;»

Εδώ πλέον τα παίρνω.

«Δεν είναι γυναικούλα, δυο μέτρα γυναικάρα είναι, της απαντάω».

Παύση από αμφότερες για μερικά δευτερόλεπτα και τελικά η μπροστά λέει:

«Αχ, να μιλούσε ένας άντρας έτσι και για μένα».

Όταν (και αν) θα το αξίζεις, ίσως.

Μαργαριτάρια μέσα στο ΤΑΞΙ

Μερικά από τα μαργαριτάρια που έχω ακούσει μέσα στο ΤΑΞΙ.

«Είμαι ενημερωμένη πλήρες» (πλήρως).
«Όταν τη δεις, πες της τα χυμάτα» (χύμα).
«Η φίλη μου θα κατέβει εδώ. Εγώ θα κατέβω πιο ίσια» (πιο κάτω).
«Μαζί με τις πλάσμες το σαλόνι μας βγήκε 10.000 (πλάσμες = τηλεοράσεις πλάσμα = μια τηλεόραση πλάσμα όπως προέκυψε από την συνέχεια της συζήτησης)».
«...και βλέπω έναν τύπο με καπέλο Τζόκερ» (τζόκεϊ).
«...δεν βγαίνουμε σε στάμπαϊ μέρη» (στάνταρ μέρη).
«...δεν μπορούσα να το κάνω ζάπιγκ» (ζάφτι).

Κυρία η οποία για ώρα μου λέει με διάφορους τρόπους για το πόσο μορφωμένη είναι (και έτσι βρέθηκε στο Δημόσιο, δεν θυμάμαι σε ποια υπηρεσία), καταλήγει μιλώντας για την κόρη της:

«*...και ήταν τόσο καλή μαθήτρια που τελείωσε το Λύκειο με 19 και 9 και 11*».

(19 και 9 και 11. Μου πήρε κι εμένα μερικά δευτερόλεπτα να καταλάβω ότι εννοούσε δεκαεννιά και εννέα ενδέκατα).

Μαργαριτάρια στον αέρα

Μερικά από τα άπειρα μαργαριτάρια που ακούμε στον «αέρα» του ραδιοταξί:

Συνάδελφος ζητάει εξυπηρέτηση:
«*Κέντρο, ένα τρίκυκλο δωμάτιο για μια νύχτα μπορείτε να κλείσετε σε κάποιο από τα ξενοδοχεία που συνεργαζόμαστε;*»
Συνάδελφος δίνει το στίγμα (θέση) του:
«*...την οδός (δεν έχει αιτιατική) Πέτρου Συνθήκα* (τρίζουν τα κόκαλα του Συνδίκα) *ανεβαίνω...*»
Γενικά η λέξη οδός, για μερικούς δεν κλίνεται. Φυσικά δεν έχει ούτε γενική πτώση:
«*Δεν βρίσκω την αρχή της οδός*».
Το ίδιο συμβαίνει με πολλές λέξεις όπως:
«*Από τους Αμπελόκηποι θα εξυπηρετήσω*».
Συνάδελφος ανήμερα Αγίου Νικολάου, ζητάει το λόγο:

«Κέντρο, χρόνια πολλά στους εορτάζοντες όλους και όποιοι είναι εκφωνήτριες».

Ακατανόητο, μέχρι που έμαθα ότι εννοούσε χρόνια πολλά και στην εκφωνήτρια Νικολέτα που γιόρταζε εκείνη την μέρα! Συνάδελφος ζητάει από το κέντρο να συνεννοηθεί με την πελάτισσά του η οποία μιλάει αγγλικά. Η εκφωνήτρια που έχει δουλειά του ζητάει να κατέβει σε άλλο κανάλι στο CB και να τον βοηθήσει εκεί κάποιος. Κατεβαίνω κι εγώ, περισσότερο από περιέργεια.

«Ακούει κανείς που ξέρει αγγλικά;»

«Έλα συνάδελφε δώσε της το μικρόφωνο να δούμε τι ψάχνει», του λέει αυτός που κατέβηκε να βοηθήσει.

Οπότε ακούγεται η πελάτισσα να λέει με σπαστή ελληνική προφορά, αλλά πεντακάθαρα:

«Πελοποννήσο είκοσι δύο».

«Συνάδελφε, η κοπέλα θέλει να την πας Πελοποννήσου είκοσι δύο».

«Πελοποννήσου είκοσι δύο;»

«Α, καλά, γιατί εγώ δεν μιλάω αγγλικά και δεν την καταλαβαίνω...»

Σε αντίστοιχη φάση με την παραπάνω, η εκφωνήτρια που έχει χρόνο εκείνη την ώρα, λέει σε συνάδελφο να περάσει μικρόφωνο στους πελάτες του.

Ο πελάτης παίρνει το μικρόφωνο και λέει:

«We want to go to the bitches, you know?»[1]

Παύση από το κέντρο...

---

1. «Θέλουμε να πάμε στις «σκύλες», κατάλαβες;»

Τελικά ευτυχώς επεμβαίνει «ελεγκτής» του καναλιού και του ζητάει να κατέβει σε άλλο κανάλι για να του εξηγήσει: *«Έλα ρε συνάδελφε, δεν καταλαβαίνεις; Σε στριπτιζάδικο θέλουν να τους πας οι άνθρωποι».*

Γιάννης Ψωμιάδης

Η ΧΡΗΣΗ ΤΩΝ ΖΩΝΩΝ ΑΣΦΑΛΕΙΑΣ ΕΙΝΑΙ
ΥΠΟΧΡΕΩΤΙΚΗ ΓΙΑ **ΟΛΟΥΣ** ΤΟΥΣ ΕΠΙΒΑΤΕΣ

THE USE OF SEAT BELTS IS OBLIGATORY
FOR **ALL** PASSENGERS

-Η χρήση της ζώνης ασφαλείας είναι υποχρεωτική για ΟΛΟΥΣ τους επιβάτες

Η χρήση της ζώνης ασφαλείας είναι πλέον υποχρεωτική για όλους τους επιβάτες του ΤΑΞΙ (εκτός του οδηγού όσο βρίσκεται εντός πόλεως. Παράδοξο αλλά ισχύει). Προκειμένου να ενημερώνονται οι πελάτες για την ζώνη οι περισσότεροι συνάδελφοι έχουν αναρτήσει σχετικές ταμπελίτσες. Εγώ, αφού είδα ότι η έτοιμη που μας είχε δώσει το ραδιοταξί δεν έπειθε (ίσως ήταν μικρά τα γράμματα ή πολύ μικρό το καρτελάκι) έφτιαξα 3 ταμπέλες, διαστάσεων περίπου είκοσι επί οχτώ εκατοστά. Καλά όλα αυτά. Ο κυρίως σκοπός μου είναι να περιορίσω όσο είναι δυνατόν την κουραστική ερώτηση *«και εμείς εδώ πίσω πρέπει να φορέσουμε ζώνη;»* Εξ ου και το υπογραμμισμένο «όλους τους επιβάτες». Το κόλπο δεν πιάνει. 7/10 φορές θα πάρουμε τον εξής δρόμο περίπου:

«*Αλήθεια; Κι εμείς εδώ πίσω; Σιγά μωρέ οι πίσω δεν κινδυνεύουν*» ...

Όλα αυτά μέχρι να τους εξηγήσω συνήθως ότι αν οι πίσω δεν φοράνε ζώνη ενώ οι μπροστά φοράνε, σε περίπτωση σύγκρουσης θα πέσουν πάνω στα καθίσματα των μπροστά και θα τους πνίξουν με τις ζώνες τους. Χτύπα ξύλο.

Το πιο πετυχημένο όμως που έχει συμβεί, νομίζω, 3 φορές τις τελευταίες 2 εβδομάδες που έχω βάλει τα καινούρια ταμπελάκια, είναι το παρακάτω, με τις προφανείς μικρές παραλλαγές στους διάλογους και τα πρόσωπα.

Μπαίνει μάνα με παιδί ή παιδιά μικρά, στην ηλικία που μόλις έχουν αρχίσει να διαβάζουν.

Μετά από λίγο, το παιδάκι κάνει εξάσκηση/επίδειξη διαβάζοντας:

«*Η, η χρησή, η χρήση των, ζω, ζώνων, η χρήση των ζώνων...μαμά τι γράφει εδώ;*»

«*Γράφει ότι η χρήση των ζωνών ασφαλείας είναι υποχρεωτική για όλους τους επιβάτες*».

«*Δηλαδή;*»

«*Δηλαδή ότι πρέπει να φοράμε όλοι ζώνη ασφαλείας*».

«*Α!*»

Κάπου εδώ το ενδιαφέρον του παιδιού μετατοπίζεται κάπου αλλού. Το ίδιο και της μαμάς. Το διαβάσαμε, τέλος.

Σκέφτομαι να αλλάξω ταμπελίτσα. Η καινούρια θα λέει:

Η ΧΡΗΣΗ ΤΩΝ ΖΩΝΩΝ ΑΣΦΑΛΕΙΑΣ ΕΙΝΑΙ ΥΠΟΧΡΕΩΤΙΚΗ ΓΙΑ <u>ΟΛΟΥΣ</u> ΤΟΥΣ ΕΠΙΒΑΤΕΣ.
ΕΞΑΙΡΟΥΝΤΑΙ <u>ΟΛΟΙ ΟΣΟΙ</u> ΤΟ ΔΙΑΒΑΣΑΝ ΠΑΡΑΠΑΝΩ

Εν ΤΑΧΙ

Πώς αντιμετωπίζεται η υπερένταση...

Η κυρία μπαίνει στο ΤΑΞΙ περασμένες 12 το βράδυ. Η κουβέντα γυρνάει στο πόσο κουρασμένη είναι γιατί δουλεύει από το πρωί, και πόσο δύσκολο είναι να αντιμετωπίσεις την υπερένταση της ημέρας.

«Θα σου πω εγώ πως ξεπερνάω την υπερένταση και κοιμάμαι εύκολα το βράδυ» μου λέει.

«Παρακαλώ, πείτε μου».

«Λοιπόν, όταν γυρίζω σπίτι κάνω κατ᾽ αρχήν ένα ζεστό μπάνιο».

(Ζεστό μπάνιο σημειώνω).

«Μετά πίνω ένα ζεστό γάλα με μέλι».

(Γάλα με μέλι, ζεστό, εύκολο είναι ως εδώ).

Και συνεχίζει:

«Παίρνω και ένα Λεξοτανίλ, και κοιμάμαι αμέσως».

(Εδώ σκίζω τις σημειώσεις!)

27

Γιάννης Ψωμιάδης

Αλεπουδίτσα, είπε ο «συνάδελφος»

Καλοκαίρι φτάνω στα ΚΤΕΛ Χαλκιδικής. Εκείνη την εποχή είναι ακόμη στην Κηφισιά (Θεσσαλονίκης). Μπροστά 2-3 συνάδελφοι λένε τα δικά τους και περιμένουν να έρθει λεωφορείο για να ψαρέψουν/διαλέξουν πελάτες.

Με πλησιάζει ένας αλλοδαπός. Με σπαστά ελληνικά μου δίνει να καταλάβω ότι θέλει να πάμε στο ΚΤΕΛ Μακεδονία (στην άλλη άκρη της πόλης). Βάζουμε τις αποσκευές του πίσω, και κάνουμε να ξεκινήσουμε. Μας σταματάει όμως μια κυρία γύρω στα 50, που την έχω δει τόση ώρα να κάνει βόλτες πάνω κάτω, και με ρωτάει αν βολεύει να την πάμε στη Γενική Κλινική.

Της απαντάω αρνητικά και ξεκινάω να φύγω. Τότε πλησιάζει ένας από τους συναδέλφους και ρωτάει τι συμβαίνει.

«Ε να, του λέω, η κυρία ρωτάει αν βολεύει να την πάρουμε μαζί αλλά πάμε αλλού».

«Γιατί, που πάει η κυρία;» λέει αυτός.

«Στη Γενική Κλινική, αλλά εμείς πάμε ΚΤΕΛ».

«Ααα...».

«Δεν είναι σωστά πράγματα αυτά. Να μην κάνεις τέτοια γιατί θα τιμωρηθείς».

Ομολογώ ότι δεν τον κατάλαβα απολύτως. Μου πήρε ώρα αφού είχε τελειώσει το επεισόδιο για να καταλάβω ότι αυτό που τελικά ήθελε ήταν, να αποβιβάσω τον αλλοδαπό, να τον βάλει αυτός μέσα στο ΤΑΞΙ του και να τον κρατήσει εκεί μέχρι να γεμίσει το ΤΑΞΙ όταν έρθει το λεωφορείο.

Μάλλον.

«Τι εννοείς ρε φίλε θα τιμωρηθώ; του λέω. Από ποιον θα τιμωρηθώ και γιατί; Αφού πρώτος ήρθε ο άνθρωπος, βάλαμε τα πράγματά του και φεύγουμε. Τώρα ήρθε η κυρία».

«Ακούς τι σου λέω;» συνεχίζει με ύφος αυτός.

«Δεν είσαι εντάξει. Την κυρία έπρεπε να πάρεις».

Κάπου εκεί αρχίζω και κουράζομαι.

«Κοίτα του λέω, αφού τόσο πολύ σε ενδιαφέρει, πάρε την κυρία εσύ ή κάποιο από τα φιλαράκια σου εκεί, και πηγαίνετέ την στον προορισμό της».

Αυτό δεν τον βολεύει φυσικά. Η κυρία ακούει αλλά δεν βγάζει λέξη. Προφανώς φοβάται να πάρει θέση, αλλιώς τόση ώρα που την εμπαίζουν θα είχε κάνει φασαρία.

«Όχι εσύ θα την πάρεις, συνεχίζει. Που κάθεσαι και δια-λέγεις πελάτες».

«Εγώ διαλέγω πελάτες; Κοίτα δεν έχω πρόβλημα, αν δεν καταλαβαίνεις τι σου λέω, φωνάζω την τροχαία να σου το εξηγήσει».

Και τότε ξέσπασε η καταιγίδα:

«Την τροχαία θα φωνάξεις; Μια πίπα θα μου κάνεις. Χθεσινή αλεπουδίτσα. Εγώ φταίω που δε σε γάμησα μι-κρό» κλπ. κλπ.

Αυτό δεν το περίμενα. Προφανώς τα είχε έτοιμα να τα πει όλα αυτά. Πρέπει συχνά να βρισκόταν σε αντί-στοιχες καταστάσεις που κάποιος τελικά επικαλείται το νόμο.

Δεν μου πήρε ώρα να εξετάσω τις επιλογές που είχα, καθώς αυτός συνέχιζε το ακατάσχετο υβρεολόγιο:

Αν έβγαινα έξω και τον πλάκωνα, με την προϋπόθε-ση ότι δεν συμμετείχαν τα φιλαράκια του, θα φώναζαν την αστυνομία και θα έλεγαν ομαδικά ψέματα. («Αυτός του επιτέθηκε κύριε αστυνόμε. Ο καλός συνάδελφος του έκανε παρατήρηση που διάλεγε πελάτες και αυτός τον πλάκωσε»).

Αν η αστυνομία πίστευε αυτή την εκδοχή εγώ θα έβγαινα φταίχτης ποικιλοτρόπως (επιλογή πελάτη, επί-θεση, εξύβριση).

Αν δεν πίστευε αυτή την εκδοχή, θα βρισκόμουν εκτεθειμένος στο μέλλον σε πράξεις αντεκδίκησης (σου σκάω τα λάστιχα, στέλνω να σε δείρουν τα ξημερώματα που κλείνεις το ΤΑΞΙ και άλλα παρόμοια).

Αν δεν ερχόταν η αστυνομία: Θα είχα δημιουργήσει αυτόματως θρασύδειλους εχθρούς που θα ψάχνονταν να μου την φέρουν στο μέλλον και για πάντα.

Αν τις έτρωγα, θα τις είχα φάει. Ερχόταν δεν ερχόταν η αστυνομία, για ξύλο βγήκα ή για δουλειά;

Αν άρχιζα να τον βρίζω κι εγώ, θα ήμασταν εκεί ακόμη να βριζόμαστε. Και;

Αλλά και τα βρισίδια δεν τα έχω καθόλου εύκολα.

Όποια συνέχεια και να σκεφτεί κανείς, αίσιο τέλος δεν θα υπήρχε. Αντιθέτως.

Εξάλλου, σε αυτή τη δουλειά (και στην οδήγηση γενικότερα δηλαδή), η ηρεμία και η συγκέντρωση είναι βασικότατες προϋποθέσεις. Με λίγα λόγια, δεν έπρεπε να είχα ασχοληθεί ούτε όσο ασχολήθηκα.

Του πέταξα κάτι του στυλ *«βρε άντε τράβα να γίνεις άνθρωπος, ωραίος συνάδελφος, είμαστε και στο ίδιο κανάλι (ραδιοταξί)»* και έφυγα.

Από τον καθρέφτη τον έβλεπα να συνεχίζει να φωνάζει ενώ η υποψήφια πελάτισσα απομακρυνόταν τρομαγμένη.

Ο αλλοδαπός δίπλα μου που τόση ώρα δεν είχε βγάλει λέξη με κοίταξε:

«Τι ήθελε αυτός;» ρώτησε με τα σπαστά ελληνικά του.

Τι να του εξηγήσεις;

Τζοβανοπούλου και Γκαϊντέ γωνία!;

Ξεκινάμε από τα ΚΤΕΛ με μια κυρία γύρω στα 50-55.

«Πού θα πάμε;»

«Τζοβανοπούλου και Γκαϊντέ».

Δεν μπορώ να πω ότι ξέρω όλους τους δρόμους. Για κάθε έναν που ξέρω, υπάρχουν 50 που αγνοώ ή δεν θυμάμαι το όνομά τους. Οπότε ρωτάω.

«Πού είναι αυτό περίπου; Δε θυμάμαι καμία από τις δυο».

«Α, δεν τις ξέρεις, παίρνει συγκαταβατικό ύφος. Θα σου πω εγώ. Στην Τριανδρία είναι».

Ξεκινάω λοιπόν για την Τριανδρία ενώ σπάω το μυαλό μου. Το GPS δεν τις βρίσκει (τουλάχιστον στους Δήμους Τριανδρίας και Θεσσαλονίκης), και το όνομα Γκαϊντέ τουλάχιστον θα το θυμόμουν αν το είχα ακούσει, είναι παράξενο. Γκάιντες και πίπιζες.

33

Ξαφνικά, και ενώ έχουμε φτάσει στο Καυτατζόγλειο, μου λέει:

«*Από εδώ δεξιά κάτω*».

Στρίβω τελευταία στιγμή, και καθώς κατεβαίνουμε μου λέει να στρίψω αριστερά.

«*Εδώ είμαστε*», μου λέει.

Το «*Τζοβανοπούλου και Γκαϊντέ γωνία*», είναι η οδός Γκαίτε Τζοβαροπούλου.

«*Μα αυτή είναι η Γκαίτε Τζοβαροπούλου*», της λέω.

«*Ε, κι εγώ αυτό δεν σας είπα; Τζοβανοπούλου και Γκαϊ-ντέ γωνία*», μου απαντάει θριαμβευτικά.

Εν ΤΑΧΙ

Πάμε ΣΦΑΙΡΑ!

Κυριακή πρωί: Εγνατία Αριστοτέλους.Μπαίνει μια κοπέλα, και πριν καλά-καλά κλείσει την πόρτα μου λέει:
«Πήγαινε με διακόσια, πέρνα κόκκινα, θέλω να πάω στο τέλος της Νέας Εγνατίας ΣΦΑΙΡΑ».
Μικρή παύση και της απαντάω:
«Έχετε μπει σε λάθος όχημα».
«... ;»
«Για να πάτε με διακόσια και να περνάτε με κόκκινα, θα μπείτε σε κάποιον συνάδελφο που το ταξί του έχει μπλε φάρους στην οροφή, και στις πόρτες γράφει Ελληνική Αστυνομία ή Ασθενοφόρο. Εγώ, αν επιμένετε να πάμε μαζί, θα σας πάω όσο πιο γρήγορα μπορώ, αλλά δυστυχώς, νόμιμα».
Δεν ξαναμίλησε μέχρι το τέλος της διαδρομής 7 λεπτά και 38 δευτερόλεπτα αργότερα.

Γιάννης Ψωμιάδης

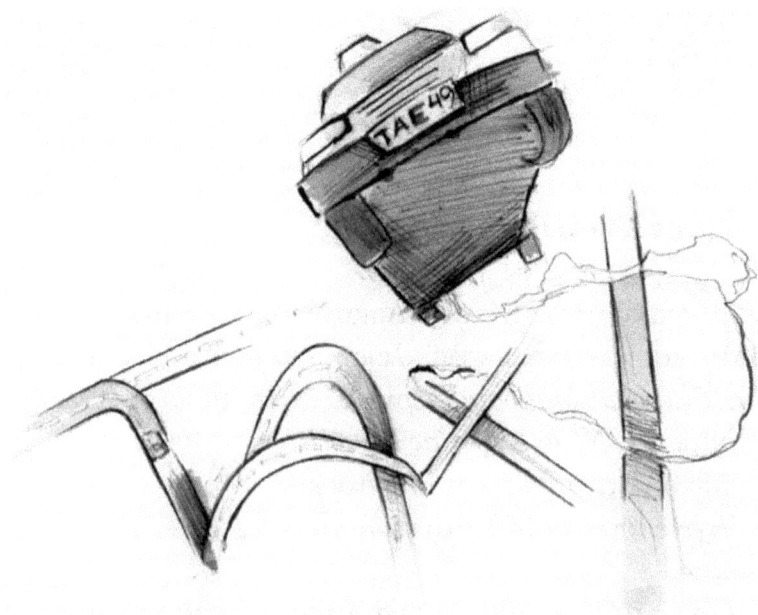

Καζίνο παρακαλώ

(Το παρακάτω περιστατικό συμβαίνει μια στις τόσες, με παραλλαγές του σημείου εκκίνησης, αλλά όχι και του προορισμού!)

Η κυρία, γύρω στα 70, με σταμάτησε έξω από τα κοιμητήρια της Καλαμαριάς.

Με ύφος και τόνο περίλυπο μουρμούρισε:

«Στο καζίνο παρακαλώ».

«Βεβαίως» της απάντησα και πήρα το δρόμο για τον ναό του χρήματος, όπως το αποκαλούν αρκετοί παίχτες.

Έχω καταλάβει από την αρχή ότι η κυρία με κοιτάζει προσπαθώντας να δει αν αποδοκιμάζω τον προορισμό μας.

Βλέποντας ότι έχω μάλλον ουδέτερο ύφος αποφασίζει να μου δώσει εξηγήσεις.

«Αχ!», ξεκινάει. *«Τι είναι ο άνθρωπος...»*

«*Ένα τίποτα μέσα στην απεραντοσύνη του σύμπαντος*», απαντάω.

Αυτό την μπερδεύει για λίγο. Το επεξεργάζεται και συνεχίζει.

«*Από τον άντρα μου φεύγω. Πέθανε ο λεβέντης μου, πάνε πέντε χρόνια*».

«*Ζωή σε εσάς*» της λέω. Γενικά το θέμα είναι λεπτό και δυσάρεστο. Πολλές φορές καταλήγει σε ένα ξέσπασμα δακρύων, αληθινών ή όχι, αμαρτία δεν παίρνω.

«*Μας άφησε το αγόρι μου*», συνεχίζει. *Και είμαι μόνη από τότε.*

Σκέφτομαι να θίξω ή όχι το θέμα των παιδιών, φιλενάδων, συγγενών και της συμπαράστασής τους αλλά ευτυχώς συνεχίζει.

«*Παράπονο δεν έχω. Με πρόσεχε πάντα, και έτσι δεν με άφησε. Και την σύνταξή του έχω - στρατιωτικός ήταν - και κάτι ενοίκια παίρνω, από κάτι σπιτάκια και κάτι χωραφάκια που έχουμε*».

«*Ωραία μπράβο του*», είναι το μόνο που σκέφτομαι να πω.

«*Ναι, κι εγώ έρχομαι συχνά και του ανάβω ένα κερί, και μετά, για να ξεχάσω τον πόνο μου, πάω και παίζω στο καζίνο να ξεχαστώ...*»

Κουρασμένα παιδιά

Το ζευγάρι των Κυπρίων και κατά πάσα πιθανότητα φοιτητών μπαίνει στο ΤΑΞΙ, στην πιάτσα της καμάρας στην Εγνατία.

«*Ιασονίδου Ολύμπου*», μου λέει το παλικαράκι.

Για όσους δεν ξέρουν, να πω ότι η απόσταση είναι πολύ μικρή. Ξεκινάς στην Εγνατία, 50 μέτρα μετά στρίβεις δεξιά την Ιασονίδου και τέσσερα τετράγωνα μετά συναντάς κάθετη την Ολύμπου.

Καθώς φτάνουμε στην Φιλίππου (ένα τετράγωνο μακριά) η κοπέλα λέει:

«*Κύριε θα πάμε από το τέρμα γιατί είναι μονόδρομος*».

Αυτό με μπερδεύει απολύτως, Η διασταύρωση Ιασονίδου Ολύμπου είναι μπροστά μας στα πενήντα μέτρα πλέον. Ποιο τέρμα; Ποιος μονόδρομος;

«*Ιασονίδου Ολύμπου δεν μου είπατε;*» ρωτάω.

Γιάννης Ψωμιάδης

«Ολύμπου 103», λέει αυτή.

«Δεν πειράζει ας μας αφήσει με Ιασονίδου» επεμβαίνει ο τύπος.

Κοιτάζω το GPS στα γρήγορα. Το 103 της Ολύμπου δείχνει να είναι σχεδόν στην γωνία με Ιασονίδου. Δεν καταλαβαίνω.

«Ε, γιατί να μη μας πάει ακριβώς αφού...» (το παρακάτω δεν το πιάνω, είναι στα κυπριακά).

Αρχίζω να τα παίρνω ελαφρώς. Γενικά δεν έχω αντίρρηση να πηγαίνω τον κόσμο ακριβώς εκεί που θέλει αλλά, η είσοδος στην Ολύμπου (το 103 είναι δεξιά μας, και δεν μπορούμε να μπούμε, είναι όντως μονόδρομος) απαιτεί πλέον έναν κύκλο που περιλαμβάνει στενά με κακοπαρκαρισμένα αυτοκίνητα, είναι νύχτα και έχει βρέξει νωρίτερα.

«Αφήστε μας εδώ στη γωνία», λέει πάλι το παληκαράκι.

«Ε, άντε καλά ας μας αφήσει εδώ», υποχωρεί με μισή καρδιά η κοπέλα (θα το πληρώσεις αυτό φίλε, είμαι σίγουρος).

«2,65 ελάχιστη μίσθωση έχουμε κάνει», λέω εγώ.

Η κοπέλα απλώνει το χέρι της και μου προτείνει ένα πενηντάρικο! Τα νεύρα μου.

«Ρε παιδιά, 2,65 είναι, πενηντάρικο μου δίνετε;»

Ψάχνονται. Δεν έχουν πιο ψιλά. Τους δίνω τα ρέστα και καθώς κατεβαίνουν βλέπω και το 103 της Ολύμπου. Είναι δέκα μέτρα μακριά, η 2η πόρτα από την Ιασονίδου.

Διάρκεια διαδρομής: 2 λεπτά και 45 δευτερόλεπτα.

Απόσταση: πεντακόσια σαράντα μέτρα.

Δεξιά θα πάμε

Η κυρία είναι γύρω στα εξήντα και έχει μπει από το κέντρο της πόλης. «*Ωραιόκαστρο*», είναι το πρώτο, και μοναδικό εντός τόπου και χρόνου πράγμα που λέει. Στη συνέχεια της διαδρομής περνάει από περιόδους παύσης που προφανώς σκέφτεται, σε περιόδους όπου φωναχτά συνεχίζει τις σκέψεις της.

Έτσι, μαθαίνω για την Γερμανία, όπου πήγαινε και έπαιρνε φαγητό για τριάντα πέντε άτομα και τους έδινε ρέστα χωρίς να σημειώνει τίποτε. Είναι μαθηματικό μυαλό σαν την κόρη της που έγινε λογίστρια.

Παύση.

Στους Γερμανούς αρέσει πολύ το ελληνικό φαγητό, Πάντα περνούσαν από ένα ελληνικό εστιατόριο για γύρο πριν πάνε για μπύρες.

Παύση.

Όταν γύρισε με τον άντρα της είχε ήδη δύο παιδιά που ήθελαν να έρθουν στην Ελλάδα αλλά καλύτερα αν έμεναν Γερμανία.

Παύση.

Στις δυο πρώτες παύσεις εγώ ψαρώνω ότι περιμένει να σχολιάσω κάτι. Καταλαβαίνω γρήγορα ότι κάνω λάθος γιατί τη δεύτερη φορά απλώς με διακόπτει για να περάσει στο επόμενο παραλήρημα. Οπότε από εκείνη τη στιγμή και μετά απλώς την αφήνω να λέει, και όταν κάνει παύση πετάω δυο λέξεις και τέλος.

Στα όριά μου με φτάνει όταν, αφού έχει κατηγορήσει δεόντως την αδελφή της για αδιαφορία, αρχίζει να περιγράφει ένα έκζεμα που έβγαλε κάποτε η μάνα της.

Εκεί την διακόπτω πλέον:

«Είναι απαραίτητο να μου το περιγράψετε;» την ρωτάω.

Προτιμώ να μην ακούω για ασθένειες, ειδικά όταν πρόκειται για περιγραφές τέτοιου είδους.

«Εεεεε συγνώμη, δεν ήξερα, συγνώμη...», μου λέει. «Γιατί δεν το είπες από την αρχή ότι έχεις πρόβλημα;»

«Γιατί συνήθως δεν μου περιγράφουν ανοιχτές πληγές», της απαντάω και από εκεί και πέρα δεν μιλάει καθόλου.

Δεν έχω γλιτώσει και πολλά, γιατί όλα αυτά συμβαίνουν στη στροφή Ωραιοκάστρου.

Ανεβαίνουμε λοιπόν ήσυχα-ήσυχα πλέον, και επειδή τέτοιος είμαι, βλέπω την αμηχανία της και ρωτάω:

«Πού περίπου πηγαίνουμε;»

«*Από τον ΟΑΕΔ θα πάμε δεξιά, προς το χωριό*», μου λέει, δείχνοντας ταυτόχρονα με το δεξί της χέρι. Την κίνηση του χεριού την βλέπω με την άκρη του ματιού μου. Το σκέφτομαι μερικά δευτερόλεπτα. «*Από τον ΟΑΕΔ δεξιά έχει κάτι δρομάκια, αλλά όχι το χωριό*» της λέω.

«*Αριστερά εννοείτε μήπως;*»

«*Όχι, δεξιά θα στρίψουμε*», επαναλαμβάνει και δείχνει πάλι με το δεξί χέρι.

Κοιτάζω το χέρι της και καταλαβαίνω ότι δείχνει αριστερά με μια κυκλική κίνηση.

«*Αριστερά δείχνετε όμως, καλά κατάλαβα ότι αριστερά θα στρίψουμε*», της λέω.

Κι εκείνη ατάραχη στον κόσμο της απαντάει:

«*Ε, ναι αλλά σου δείχνω με το δεξί χέρι, γι΄ αυτό λέω δεξιά*».

Κάπου εκεί αρχίζω να αναρωτιέμαι αν θα βρεθούμε να κάνουμε αριστερόστροφες δεξιές στροφές για πάντα στο Ωραιόκαστρο αλλά ευτυχώς όχι. Οι οδηγίες της είναι σαφείς (αν κοιτάς που δείχνει κάθε φορά και αγνοείς τι λέει). Φτάνουμε στο σπίτι (της μεγάλης της κόρης που έχει δύο παιδιά, το ένα αγοράκι, ο άντρας της έχει εταιρία κλπ. κλπ. ...) και αισίως τελειώνει και αυτό.

Γιατί ρε φίλε;

Ο τύπος, γύρω στα τριάντα πέντε-σαράντα μπαίνει σούρουπο στην Τούμπα.

«*Παλαιού σταθμού θα πάμε*», μου λέει.

Σε όλη τη διαδρομή σχεδόν δεν ανταλλάσσουμε κουβέντα, εκτός από ένα μικροσχόλιο για την κίνηση. Φτάνουμε τελικά στην Παλαιού σταθμού. Ο δρόμος είναι σκοτεινός και έρημος τέτοιες ώρες.

«*Εδώ πίσω από το λεωφορείο*», μου λέει κάποια στιγμή.

Σταματάω, κοιτάει το ταξίμετρο, βγάζει κέρματα με πληρώνει και καθώς έχει ανοίξει την πόρτα να βγει γυρνάει και μου λέει γρήγορα και κάπως μασημένα:

«*Να σου δώσω πενήντα ευρώ, να σου κάνω μια πίπα;*»

Μου παίρνει δυο δευτερόλεπτα να καταλάβω τι είπε (αρχικά ο εγκέφαλός μου πιστεύει ότι μου ζήτησε να του χαλάσω πενηντάρικο). Μετά συνειδητοποιώ και απαντάω.

«*Όχι*».

«*Με 100;*» επιμένει αυτός.

«*Όχι*». Από τη μια αρχίζω και εκνευρίζομαι. Από την άλλη είμαστε και στην ερημιά και ποτέ δεν ξέρεις που οδηγεί κάποιον η απόρριψη. «*Τουλάχιστον να στον πιάσω λίγο*», συνεχίζει ακάθεκτος. «*Όχι ρε φίλε*».

«*Γιατί ρε φίλε;*».

Έχει έναν τόνο, σαν να του είπα ότι το μαγαζί είναι γεμάτο, ενώ βλέπει ότι δεν έχει ψυχή μέσα. Από τη μια τον λυπάμαι.

«*Γιατί είμαι παντρεμένος και την αγαπάω την γυναίκα μου*». Αυτό μάλλον τον πείθει τελικά.

«*Εντάξει, καλό απόγευμα τότε*», μου λέει, και κλείνοντας την πόρτα εξαφανίζεται ανάμεσα στα παρκαρισμένα λεωφορεία...

Εν ΤΑΧΙ

Scorpions in Thessaloniki

Πέρσι το καλοκαίρι είχαμε στην Θεσσαλονίκη συναυλία των Scorpions. Ιστορική αρπαχτή! Από νωρίς το απόγευμα έχω μεταφέρει εκεί αρκετό κόσμο (πιτσιρικάδες κυρίως, μερικά συγκροτήματα τα ακούνε όλοι οι δεκαεξάχρονοι και μέχρι τα σαράντα τους). Οι ώρες περνάνε, και έχω φτάσει τελικά κατά τις 4:30 τα ξημερώματα έξω από τα καλοκαιρινά μαγαζιά της περιοχής αεροδρομίου. Σιγά-σιγά έρχεται και η σειρά μου να παραλάβω, οπότε βλέπω να κατηφορίζουν από την είσοδο του μαγαζιού, δυο μεθυσμένες Αγγλίδες τουρίστριες (αυτήν την εντύπωση μου δίνουν), υποβασταζόμενες από κάποιον.

47

Φτάνουν στο ΤΑΞΙ, ο τύπος τραβάει να τους πάρει τα ποτήρια που επιμένουν να πάρουν μέσα στο ταξί, και τελικά μου λέει δείχνοντας την ψηλότερη «Αγγλίδα»: *«Ο ντράμερ των Scorpions είναι(!!!;;;), θα τους πας στο Hyatt, ήθελε Mercedes ΤΑΞΙ αλλά του είπα δεν έχει τώρα τέτοια, μπες σε όποιο βρούμε».*

Και με τα λόγια αυτά τους βοηθάει να μπούνε στο ΤΑΞΙ, καθώς αμφότεροι, ο ντράμερ και η συνοδός του είναι λάσπη.

Ξεκινάμε για το ξενοδοχείο, που ευτυχώς είναι κοντά, γιατί προφανώς τα προκαταρκτικά τα έχουν κάνει μέσα στο νυχτερινό κέντρο και περνάνε στα κυρίως.

Ταυτόχρονα η κοπέλα του λέει *«it was really nice that you danced with me»*[2], καθώς και διάφορα μεθυσμένα μισόλογα.

Φτάνουμε αισίως, και ο πορτιέρης του ξενοδοχείου τσακίζεται να έρθει να βοηθήσει.

Ίσως να χρειαζόταν και ένας δεύτερος, καθώς ο ντράμερ με μεγάλη δυσκολία βρίσκει την πόρτα του ΤΑΞΙ, αλλά τελικά τα καταφέρνει.ταυτόχρονα η συνοδός με έχει αρχίσει σε ένα μεθυσμένο *«thank you, thank you, you are so nice»*[3] κλπ. κλπ., και έχει σκύψει μπροστά να με φιλήσει. Το ίδιο κάνω κι εγώ, σκύβω μπροστά για να μη με φτάσει, αλλά τελικά με σταματάει το τιμόνι και έτσι μου σκάει ένα φιλί στο δεξί μάγουλο, και κάνει να βγει.

2. «Ήταν πολύ ωραία που χόρεψες μαζί μου»
3. «Ευχαριστώ, ευχαριστώ, είσαι πολύ καλός...»

«*I expect that somebody will pay me, right?*»[4] *ρωτάω*
«*What did he say?*» [5] ρωτάει ο ντράμερ, που κρατιέται από την ανοιχτή πόρτα και σκύβει επικίνδυνα μέσα στο ΤΑΞΙ.
«*He wants to get paid*»[6], του μεταβιβάζει αυτή.
«*Of course, of course*»[7], λέει αυτός. Την τραβάει έξω από το ΤΑΞΙ, και φεύγουν αλληλοϋποβασταζόμενοι και παραπατώντας.

Οπότε, έρχεται ο πορτιέρης και μου λέει:
«*Άντε πάλι τυχερέ*», και φιλάκι πήρες.
«*Ναι, ναι, φιλάκι πήρα, ΦΡΑΓΚΟ δεν πήρα*».
«*Σοβαρά μιλάς;*». Ο πορτιέρης το σκέφτεται λίγο και λέγοντας, «*μισό λεπτό*» τραβάει για την ρεσεψιόν.

Επιστρέφει και με ρωτάει πόσο ήταν η διαδρομή.
«*Ελάχιστη μίσθωση, δυόμισι ευρώ*» του λέω, *και δεν είναι για τα λεφτά, αλλά να λέω ότι πήρα τον ντράμερ των Scorpions με το ΤΑΞΙ και μου άφησε φέσι; Δεν λέει...*
«*Ε, όχι και πιστόλι από τους Scorpions*» συμφωνεί και αυτός. Μου δίνει τα λεφτά, του δίνω απόδειξη (να δώσει στην ρεσεψιόν) και καληνυχτιζόμαστε.

---

4. «Ελπίζω ότι κάποιος θα με πληρώσει;»
5. «Τι είπε;»
6. «Θέλει να πληρωθεί.»
7. «Φυσικά, φυσικά»

Κάτι καλύτερο δεν γίνεται;

Το περιστατικό συνέβη στην αρχή της «καριέρας» μου ως οδηγού ΤΑΞΙ.

Αυτό το λέω γιατί πλέον φαντάζομαι θα το είχα χειριστεί λίγο διαφορετικά.

Φεβρουάριος, γύρω στις 10 το πρωί, βρίσκομαι σταματημένος στην πιάτσα Εγνατία με Αριστοτέλους.

Ανοίγει η πόρτα και μπαίνει κάποιος. Τον βλέπω με την άκρη του ματιού μου γιατί ταυτόχρονα παρατηρώ ότι έρχεται λεωφορείο και ξεκινάω για να το προλάβω πριν μας κλείσει τον δρόμο.

«Καλημέρα», λέω, και η απάντηση είναι ένα ακατάληπτο μουρμουρητό. Εντάξει αυτό δεν είναι ασυνήθιστο, δεν έχουν όλοι όρεξη για κουβέντες, και μερικοί έχουν δύσκολη ακόμη και την καλημέρα.

«Πού θα πάμε;»

«Στον Άγιο Κοσμά».

«Και πού είναι αυτό;»

«Έξω από τις εργατικές κατοικίες» (η φωνή του κάθε φορά που μιλάει είναι μεταξύ μουρμουρητού και τραυλίσματος)

«Ποιες εργατικές ρε φίλε,» ρωτάω και για πρώτη φορά γυρνάω και τον κοιτάζω.

Ο τύπος, Φεβρουάριο μήνα είπαμε, φοράει ΜΟΝΟ εσώρουχα μπλε χρώματος, σκισμένα αθλητικά παπούτσια, και κρατάει ένα δερμάτινο παραφουσκωμένο πορτοφόλι.

«Κοίτα, δεν ξέρω πού είναι αυτό, πες μου πού να σε αφήσω».

Εδώ ήταν το λάθος, έπρεπε απλώς να σταματήσω και να του πω να κατέβει να τελειώνουμε.

Από εδώ πάμε, από εκεί πάμε, από τα περαστικά αυτοκίνητα μας κοιτάζουν, τελικά, μετά από μεγάλο ζιγκζαγκ φτάνουμε στην πλατεία Αντιγονιδών.

«Πόσο θέλεις;»

«Ενάμιση ευρώ», του απαντάω (τόσο ήταν τότε η ελάχιστη μίσθωση).

Ανοίγει το δερμάτινο πορτοφόλι, και αποκαλύπτεται ότι είναι γεμάτο με διπλωμένες εφημερίδες.

Ψάχνει-ψάχνει, βγάζει μια τηλεκάρτα, συνεχίζει να ψάχνει αλλά το μόνο που βρίσκει είναι εφημερίδες.

«Τίποτε καλύτερο δεν γίνεται;»

«Τι καλύτερο ρε φίλε. Την τηλεκάρτα θα μου δώσεις; Άντε φύγε, δε θέλω τίποτε».

Μουρμουρίζει κάτι, βγαίνει, και καθώς ξεκινάω να φύγω, τον βλέπω να τραβάει για το καρτοτηλέφωνο...

Γιάννης Ψωμιάδης

Φρου-φρου κι αρώματα...

Η κυρία επιβιβάζεται κάπου στην Καλαμαριά και πηγαίνει στη Τούμπα. Δεν έχουμε κάνει πεντακόσια μέτρα, όταν με ρωτάει ξαφνικά:
«Φοράτε αρώματα;»
«Συνήθως βάζω απλώς αποσμητικό» (*«Ωχ! Μυρίζω;»*).
«Ναι, αλλά όταν φοράτε αρώματα, φοράτε επώνυμα;»
«Ε..., μάλλον...»
«Μπορείτε δηλαδή να αναγνωρίσετε ένα επώνυμο άρωμα από τη μυρωδιά;»
«Δεν θα το 'λεγα. Οδηγάω χρόνια μηχανή και η μύτη μου υπολειτουργεί».
«Σας αρέσουν τα αρώματα;»
«Όχι όλα».

Συνεχίζει κάνοντας τέσσερις πέντε ακόμη ξεκάρφωτες, προσωπικές ερωτήσεις, στις οποίες σχεδόν δεν απαντάω.

52

Αρχίζω και εκνευρίζομαι.

«Γιατί μου τα ρωτάτε όλα αυτά; Στατιστική κάνετε;»

«Όχι, όχι καθόλου».

«Τότε γιατί ρωτάτε; Τι ερωτήσεις είναι αυτές;»

«Θα σας πω, θα σας πω. Ξέρετε από δίκτυα πωλήσεων;»

Μου παίρνει δυο δευτερόλεπτα να κάνω τους συνειρμούς.

«Δίκτυα πωλήσεων; Πυραμιδικά συστήματα πωλήσεων εννοείτε;»

«Εεε, ναι» (αυτό ενοχλημένα). «Αλλά δεν μιλάω για τις γνωστές εταιρίες. Έχει έρθει μια καινούρια πολωνική εταιρία με αρώματα. Έχει όλες τις επώνυμες μάρκες, όλα τα καλά αρώματα, σε απλά μπουκάλια, που με την έκπτωση οι συνεργάτες παίρνουμε εννέα ευρώ, και τα δίνουμε 14».

«Ωραία, αλλά δεν ενδιαφέρομαι. Έχω πρόβλημα με τα φτηνά αρώματα». (Αυτό δεν είναι αλήθεια. Προσπαθώ απλώς να την εμποδίσω ευγενικά να συνεχίσει την «πώληση»).

«Ναι, κι εμένα μου φέρνουν αλλεργία οι φτηνές μάρκες, μου λέει. Αλλά αυτά είναι κανονικά. Ξέρετε, έχω συνεργαστεί και με την τάδε και με την τάδε εταιρία (αναφέρει δυο γνωστές) και δεν τα πήγα καλά. Εξάλλου, γιατί να αγοράσει κάποιος μια κρέμα από μένα με 25 ευρώ, όταν μπορεί να πάρει μια άλλη από το φαρμακείο με 10 και να είναι ευχαριστημένος; Με αυτή την πολωνική εταιρία όμως, μέσα στο Σαββατοκύριακο έχω κάνει 18 συνεργάτες».

«Μπράβο. Να τους χιλιάσετε».

«Ευχαριστώ. Και τα αρώματα αυτά είναι κανονικά να ξέρεις. Και στη μυρωδιά αλλά και στη διάρκεια. Για να καταλάβετε, ο οδοντίατρός μου που φοράει χρόνια την κολόνια του και την ξέρει καλά, ενθουσιάστηκε τόσο, που μου παρήγγειλε τέσσερα μπουκάλια».

«Πολύ ωραία. Απλώς σας λέω ότι εγώ δεν ενδιαφέρομαι».

«Ναι εντάξει. Ένα καλό άρωμα πάντως, μετράει. Και γιατί να δώσεις 80 ευρώ, όταν με 14 μπορείς να πάρεις την ίδια ποσότητα;»

Η επιμονή της αρχίζει και μου τη δίνει.

«Αυτό που δεν μπορώ να καταλάβω, είναι το πώς παίρνουν αυτοί οι Πολωνοί τα κανονικά αρώματα και τα πουλάνε τόσο φτηνότερα», της λέω κάπως ανυπόμονα.

«Είναι που δεν πληρώνουν κατάστημα, ενοίκιο, υπαλλήλους», μου απαντάει.

«Άλλο ρωτάω. ΠΟΥ βρίσκουν τα αρώματα; Τους τα πουλάει ο Armani φτηνότερα; Δε νομίζω...»

«Μα τα αρωματικά και τα αιθέρια έλαια που χρησιμοποιούν, δεν είναι τόσο ακριβά».

«Και τα χρώματα δεν είναι ακριβά, αλλά οι ζωγράφοι πουλάνε τέχνη, όχι υλικά», της αντιτείνω.

«Ναι. Τα αρώματα είναι τα κανονικά πάντως».

«Δηλαδή θέλετε να πείτε ότι προέρχονται από τα επώνυμα εργοστάσια; Ότι πουλάνε χονδρική στο 10% της λιανικής; Δεν το πιστεύω».

«Προφανώς είναι αντίγραφα. Χημικά παρόμοια, αλλά απομιμήσεις. Σωστά;»

«Εεε, εντάξει, ναι. Είναι ολόιδια, αλλά δεν είναι τα αυθεντικά. Έχουν όμως όλες τις ευρωπαϊκές πιστοποιήσεις ότι δεν προκαλούν αλλεργίες».

«Πολύ χαίρομαι γι᾽ αυτούς που τα χρησιμοποιούν τότε. Απλώς εγώ ΔΕΝ ενδιαφέρομαι».

Κάνει την προτελευταία της προσπάθεια:

«Καλά δεν επιμένω. Κι εγώ στην αρχή είπα, ας γραφτώ, και το πολύ-πολύ θα παίρνω φτηνά τα αρώματά μου. Είναι σαράντα πέντε ευρώ η εγγραφή, συν τα δείγματα, συν την έκπτωση, πάλι κέρδος θα έχω. Και ξέρετε, όσο προχωράνε οι εγγραφές από αυτούς που έγραψα εγώ...»

«Τόσο παίρνετε κι εσείς τα ποσοστά σας».

«Ναι».

«Ξέρετε, η προηγούμενη δουλειά μου ήταν πωλητής...»

«Οπότε θα μπορούσατε να τα πάτε πολύ καλά σ᾽ αυτή την εταιρία», με διακόπτει.

«Οπότε δεν μπορείς να πουλήσεις σε έναν πωλητή, αν δεν θέλει να αγοράσει», ολοκληρώνω τη φράση μου.

Δεν ξαναμιλάει μέχρι που φτάνουμε, οπότε κάνει και την τελευταία της κίνηση:

«Πάρε αυτό το διαφημιστικό που έχει όλη τη λίστα με τα αρώματα. Έχει και το κινητό μου στο πίσω μέρος».

Ακόμη το έχω το φυλλάδιο, αν ενδιαφέρεται κανείς. Θέλω ποσοστά όμως...

Βορειοευρωπαίοι

Ξαφνικά θυμήθηκα ένα παλιό περιστατικό... Καλοκαίρι, αποβιβάζω στα παλιά ΚΤΕΛ Χαλκιδικής. Οι συνήθεις ύποπτοι συνάδελφοι απουσιάζουν. Μάλλον ήρθαν λεωφορεία νωρίτερα. Στην πιάτσα του ΚΤΕΛ περιμένουν έξι άνθρωποι, Βορειοευρωπαίοι κρίνοντας από την εμφάνιση και τη γλώσσα που μιλάνε μεταξύ τους. Οι δύο από αυτούς, ένα ζευγάρι κοντά στα εξήντα, έρχονται, και με συμπαθητικά αγγλικά με ρωτάνε αν είμαι ελεύθερος. «Of course»[8] είμαι. Καθώς βάζουμε τις διάφορες αποσκευές τους στο πορτμπαγκάζ εμφανίζεται συνάδελφος με Μερσεντές ταξί και ανάλογο ύφος. Κόβει την κατάσταση, βλέπει ότι δεν έχει κόσμο να κάνει παιχνίδι και πλησιάζει να ρωτή- σει που πάνε οι υπόλοιποι τέσσερις πελάτες. Αποδεικνύ-

---

8. Φυσικά

εται ότι είναι παρέα με τους δικούς μου και πηγαίνουν όλοι στο αεροδρόμιο.

Δεν ξέρω τι προορισμό θα προτιμούσε ο συνάδελφος αλλά η διαδρομή δεν του αρέσει. Με ύφος τύπου «τι να κάνω, θα σας πάω γιατί είμαι μεγαλόψυχος» ανοίγει το πορτμπαγκάζ (τραβάει ένα μοχλό μέσα στο αυτοκίνητο, και το πορτμπαγκάζ ανοίγει μόνο του) και τους παρακολουθεί να παιδεύονται να βάλουν τις αποσκευές τους μέσα, ενώ ο ίδιος καπνίζει χαλαρά παραδίπλα. Φεύγω να μην τον βλέπω, αλλά με προλαβαίνει στο φανάρι λίγο παρακάτω. Βγαίνοντας στον δρόμο Χαλκιδικής έρχεται δίπλα μου. Γυρίζω και τον κοιτάζω.

Προσπαθώντας να μην τον δούνε οι επιβάτες του, ανοιγοκλείνει τα χέρια του δυο φορές, ενώ βλέπω στο στόμα του να σχηματίζεται η λέξη «είκοσι». Τόσο θέλει να χρεώσουμε την διαδρομή, η πραγματική αξία της οποίας πρέπει να είναι γύρω στα μισά. Του κουνάω το κεφάλι μου αρνητικά και του δείχνω το ταξίμετρο μου. Στη συνέχεια επιταχύνω προσπαθώντας να φτάσω στο αεροδρόμιο πριν από αυτόν, ώστε να μη χρειαστεί να πάρω θέση όταν ανακοινώσει την «χρέωσή» του.

Φτάνουμε στο αεροδρόμιο. Το ζεύγος κατεβαίνει, κατεβάζουμε και τα πράγματα και με πληρώνουν. Ξαφνικά η γυναίκα αρχίζει να ψάχνει ανάμεσα στις αποσκευές. Κάτι λείπει. Καταλαβαίνει τελικά ότι στην καρέκλα της στο καφέ του ΚΤΕΛ, έχει ξεχάσει την μικρή άσπρη τσάντα της, που περιέχει τα περισσότερα λεφτά τους, τα διαβατήρια και τα εισιτήρια του αεροπλάνου. Μου ζητάει να την πάω πίσω να ψάξει.

Προς μεγάλη μου έκπληξη, ο σύζυγός της δεν έρχεται μαζί. Λέει κάτι τύπου «εκείνη τα ξέχασε, εκείνη να τα ψάξει» και μένει στο αεροδρόμιο με τις αποσκευές τους. «*I 'm going to get a coffee*»[9], μου λέει και γελάει. Βορειοευρωπαίος!

Ξεκινάμε ενώ η γυναίκα εξετάζει τα πιθανά σενάρια. Αν δεν βρεθεί η τσάντα της, θα χάσουν σίγουρα το αεροπλάνο, αλλά κυρίως, θα πρέπει να απευθυνθούν σε πρεσβείες κλπ. για να ξαναβγάλουν χαρτιά. Ουσιαστικά την απασχολεί περισσότερο η καθυστέρηση (έχει κάτι δουλείες «back home»[10] λέει) παρά η απώλεια χρημάτων, εγγράφων, εισιτηρίων σε μια ξένη χώρα. Βορειοευρωπαία!

Στο μεταξύ εγώ τηλεφωνώ στο ΚΤΕΛ και εξηγώ στην κοπέλα που σηκώνει το τηλέφωνο τι έχει συμβεί. Εκείνη έχει την καλοσύνη να βγει και να κοιτάξει στο καφέ, αλλά δυο λεπτά μετά επιστρέφει λέγοντάς μου ότι δεν βλέπει καμία τσάντα, ούτε έχει παραδοθεί σε κάποιον υπάλληλο. Δυσοίωνο αυτό.

Φτάνουμε τελικά και κατεβαίνουμε και οι δυο από το ταξί για να ψάξουμε. Στο τραπέζι που είχαν καθήσει νωρίτερα, βρίσκεται πλέον μια μαμά με τα δυο παιδάκια της.

Και στο μπράτσο της καρέκλας της, κρέμεται μια μικρή άσπρη τσάντα.

9. «Θα πάω να πάρω έναν καφέ»
10. «Πίσω στο σπίτι»

«My bag is over there»[11], γελάει η Βορειοευρωπαία, και τρέχει στην τσάντα της.

Η μαμά με τα παιδάκια την κοιτάζει, γυρίζει σ΄ εμένα, (μάλλον μας είδε να φτάνουμε με το ταξί) και λέει:

«Δική της είναι ε; Την είδα μόλις καθίσαμε, και είχα σκοπό να την παραδώσω μέσα, αν δεν ερχόταν να την ζητήσει κάποιος. Τυχερή ήταν να της πεις».

Χαμογελάει στην τουρίστρια και συμπληρώνει δείχνοντας δίπλα:

«Φαντάζεσαι να είχαν καθίσει εδώ τα παλικάρια;»

Στο διπλανό τραπέζι κάθεται μια παρέα αλητάμπουρες δεκαεξάχρονοι, που αν είχαν βρει την τσάντα, θα ήταν ήδη καθ΄ οδόν, όχι για Χαλκιδική, αλλά μάλλον για Τζαμάικα. Χαλαρά...

---

11. «Η τσάντα μου είναι εκεί πέρα»

Υπομονή...

Έξι περίπου χρόνια αφού άρχισα να κάνω αυτή τη δουλειά, η υπομονή μου αρχίζει να εξαντλείται:

Πρώτον, με τους οδηγούς που αργοσέρνονται ενώ το φανάρι μπροστά τους είναι πράσινο και ακόμη χειρότερα, μ' αυτούς που τελευταία στιγμή αντιλαμβάνονται το πορτοκαλί και επιταχύνουν, αφήνοντας όλους τους υπόλοιπους στο κόκκινο να αλλάζουν χρώματα από τα νεύρα τους.

Δεύτερον, με τους οδηγούς που βαριούνται να στρίψουν το τιμόνι τους δέκα εκατοστά για να παρακάμψουν κάποιο εμπόδιο (π.χ. σταματημένο ταξί, λεωφορείο) και κάθονται περιμένοντας πίσω του, σταματώντας όλη την κυκλοφορία. Ακόμη περισσότερο με αυτούς που δεν μπορούν να διαλέξουν μια λωρίδα και σταματάνε ή κινούνται ανάμεσα σε δύο, μπλοκάροντας τελικά και τις δύο.

Τρίτον, με τους οδηγούς που οδηγούν μιλώντας στο κινητό ΧΩΡΙΣ handsfree, bluetooth, ή έστω ανοιχτή ακρόαση. Οδηγώντας με το ένα χέρι, το μισό οπτικό πεδίο και το ένα δέκατο της προσοχής και βάζοντάς μας όλους σε κίνδυνο.

Τέταρτον, με τις κυρίες που μπορεί να έχουν οδηγήσει σε ολόκληρη τη ζωή τους τρεις τέσσερις χιλιάδες χιλιόμετρα (όσα κάνω σε ένα μήνα), έχουν όμως ΑΠΟΨΗ και την εκφράζουν με το πιο δασκαλίστικο ύφος, ανάβοντας φώτα, κορνάροντας, βρίζοντας και χειρονομώντας, όταν θεωρούν ότι έχουν δίκιο σε κάποια κατάσταση. Λέω θεωρούν, γιατί τις περισσότερες φορές κάνουν λάθος.

Πέμπτον, με τους οδηγούς που «κολλάνε προφυλακτήρες» σε δρόμους ταχείας κυκλοφορίας με 100-140 χιλιόμετρα την ώρα. Οδηγάω με τα μάτια στον καθρέφτη, ενώ εύχομαι να μη χρειαστεί να φρενάρω, γιατί θα βρεθούμε συνεπιβάτες, «ενωμένοι εις λαμαρίναν μίαν».

Έκτο, με τους οδηγούς των αστικών λεωφορείων που θεωρούν ότι οι δρόμοι τους ανήκουν. Και ξαναγράφουν τον Κ.Ο.Κ., περνώντας κόκκινα φανάρια (ακόμη και παρουσία τροχονόμων), αλλάζουν λωρίδες, ξεκινούν από τις στάσεις χωρίς να ρίξουν μια ματιά στον καθρέφτη, κλείνουν σχεδόν με κακία τυχόν περάσματα (ούτε αυτοκίνητο, ούτε μηχανάκι δε θα με περάσει) και γενικά βάζουν σε κίνδυνο τους ανυποψίαστους οδηγούς.

Έβδομο, με τους κακο-διπλο-τριπλο-παρκαρισμένους που σταματάνε σε γωνίες, σε στενέματα, σε κεντρικούς δρόμους, διακόπτοντας την κυκλοφορία «για ένα λεπτό» (δηλαδή για πέντε λεπτά με μισή ώρα), δηλαδή χάος χιλιομέτρων πίσω και γύρω τους. Ενώ θα μπορούσαν τις περισσότερες φορές να σταματήσουν δέκα μέτρα παραπέρα, να μην ενοχλούν και να μην ενοχλούνται.

Όγδοο, με τα παλικάρια που οδηγούν μηχανάκια μέσα στη μαύρη νύχτα (και ειδικά οι διανομείς-delivery) χωρίς ΚΑΘΟΛΟΥ φώτα, κάνοντας σφήνες και παραβιάζοντας στοπ, φανάρια και λοιπά. Χωρίς φώτα είσαι αόρατος! Κινδυνεύεις! Πόσο δύσκολο είναι να το καταλάβει κανείς;

Ένατο, με τους ιδιοκτήτες ΒΜW (αλλά και άλλων ακριβών αυτοκινήτων), που μαζί με το αυτοκίνητο αγόρασαν και προτεραιότητα στο δρόμο, όπως χαρακτηριστικά μου είπε ένας από αυτούς! Προτεραιότητα στην βλακεία αγόρασαν. Όχι ότι την χρειάζονται...

Δέκατο, με τους (άνω των εξήντα συνήθως) ιδιοκτήτες - οδηγούς Mercedes με 2500, 3000, 5000, 7000 κυβικά, που σεεεερνονται στο δρόμο. Στην εκκίνηση τους προσπερνάει παιδάκι με τρίκυκλο ποδηλατάκι, ενώ οι τελικές τους ταχύτητες είναι ελαφρώς μεγαλύτερες από πεσμένο πενηνταράκι παπάκι. Εκτός και αν τους πιάσει το σύνδρομο του τζόβενου, οπότε «το πατάνε» όπου να 'ναι, και φεύγουν από το δρόμο. Αφού δεν μπορείς/δε θέλεις/φοβάσαι να το οδηγήσεις το ρημάδι, τι το πήρες; Είναι και μακρύ, είναι και φαρδύ, είναι και ανεξέλεγκτο. Πάρε ένα Yaris να κάνεις τη δουλειά σου. Ή, άντε, ένα Mercedes σειράς Α. Και μικρό είναι, και δε θα χάσεις το πρεστίζ του «άστρου» στο καπό.

Ενδέκατο, με τους πεζούς που περνάνε το δρόμο σε όποιο σημείο τους βολεύει, χωρίς να δίνουν σημασία στα διερχόμενα αυτοκίνητα, χαζεύοντας ή/και μιλώντας στο κινητό. «Τι θα κάνεις;» σου λέει! «Θα σταματήσεις, δε θα με χτυπήσεις». Ακόμη χειρότερα – για την ανύπαρκτη πλέον υπομονή μου – όταν περνούν από διαβάσεις ενώ το φανάρι λέει το αντίθετο, και μάλιστα με το πάσο τους.

Δωδέκατο, με τους συναδέλφους που κάνουν κάθε είδους καγκουριά προκειμένου να βγουν μπροστά και να σου φάνε τον πελάτη.

Η υπομονή δοκιμάζεται όμως συνέχεια:

Με τους συναδέλφους που δύο η ώρα το βράδυ πηγαίνουν με τριάντα σε μεγάλους δρόμους ψάχνοντας για πελάτη. Αφ' ενός, εκείνες τις ώρες τα πεζοδρόμια είναι άδεια και οι τυχόν πελάτες φαίνονται από χιλιόμετρα. Αφ' ετέρου, οι υπόλοιποι επίσης ελεύθεροι συνάδελφοι που για λόγους δεοντολογίας πρέπει να μείνουμε πίσω του, κινδυνεύουμε να πεθάνουμε από εκνευρισμένη πλήξη, ή να πάρουμε σύνταξη μέχρι αυτός να βρει πελάτη!

Με τις εμπνευσμένες αποφάσεις, ειδικά του Δήμου Θεσσαλονίκης, να βγάζει τα απορριμματοφόρα τις πλέον ακατάλληλες ώρες, στους πλέον κεντρικούς δρόμους, προκαλώντας ΤΟ χάος. Στιγμιαίο μποτιλιάρισμα, και με εκπληκτικό άρωμα!

Με τους πελάτες που αρχικά ζητούν να τους πάω στο «σημείο Α», αλλά όταν φτάνουμε εκεί, επαναπροσδιορίζουν τον προορισμό τους ως «σημείο Α + 8 δρόμους παραπέρα». Σημείο στο οποίο θα φτάναμε ευκολότερα, γρηγορότερα και οικονομικότερα από άλλο δρόμο, αν το είχαν πει από την αρχή. Με τους πελάτες που πρώτα καλούν ταξί και μετά ετοιμάζονται. Οπότε, αν βρίσκεσαι κάτω από το σπίτι τους σε μισό λεπτό, θα περιμένεις άλλα δέκα. Ειδικά μ' αυτούς που έχουν κάνει κλήση σε κεντρικό ή στενό δρόμο, και σε αναγκάζουν σε κύκλους, μανούβρες και άλλα ευχάριστα.

Τα γράφω όλα αυτά για δυο λόγους. Ο πρώτος είναι ο προφανής. Καθώς όλα αυτά περνάνε από το μυαλό μου στο πληκτρολόγιο, βγαίνουν από μέσα μου. Ο δεύτερος λόγος είναι πιο πρακτικός. Επειδή τελικά μπορεί να αρπάξω κανέναν από το λαιμό, προσπαθώ να καβαντζώσω μάρτυρες υπεράσπισης. Ή έστω, κάποιον να μου φέρνει τσιγάρα στη φυλακή...!

Το κόλπο για να επιβιώσεις είναι να έχεις τις ελάχιστες δυνατόν τριβές. Οπότε βλέπεις τα διάφορα, τα αναγνωρίζεις και αποφεύγεις να συγκρουστείς μαζί τους. Κυριολεκτικά και μεταφορικά...

Γιάννης Ψωμιάδης

Ο «Βασιλάκης»

Η παρακάτω ιστορία είναι από αυτές που θα ήθελαν βιντεοσκόπηση για να αποδοθούν σωστά. Βασίζομαι στην κινηματογραφική φαντασία του αναγνώστη και την παραθέτω:

Πρωινή ώρα, προσπαθώ να βγω από τα (χρήσιμα αλλά γεμάτα παγίδες) στενάκια πάνω από τη Βασσιλίσης Όλγας, στην περιοχή της Μάρκου Μπότσαρη. Το συγκεκριμένο που ανεβαίνω εκείνη τη στιγμή, είναι κάθετο στη Δελφών, και έχει φανάρι. Από εκείνα τα φανάρια που ανάβουν για δέκα δευτερόλεπτα, κάθε πέντε λεπτά.

Το φανάρι είναι πράσινο. Μπροστά μου όπως πηγαίνει ένα αυτοκινητάκι εικοσαετίας του ανατολικού μπλοκ. Και πηγαίνει με πέντε. Κυριολεκτικά. Το φανάρι πράσινο και ο τύπος σέρνεται.

Κορνάρω δυο τρεις φορές, με εκείνα τα σύντομα κορναρίσματα τύπου ξεκόλλα/προχώρα.

Το αποτέλεσμα είναι ακριβώς το αντίθετο από το επιθυμητό:

Το προπορευόμενο αυτοκίνητο σταματάει εντελώς. Πέντε δευτερόλεπτα μετά, ανάβει και τα alarm. Από τη θέση του οδηγού, γεμάτος νευρικότητα κατεβαίνει ένας παππούς κοντά στα εβδομήντα πέντε, κοντούλης και με φαλακρίτσα.

«Τι κορνάρεις ρε κύριε;» μου λέει με αγανακτισμένο ύφος.

Ανοίγω το παράθυρο:

«Ευχαρίστως θα σας πω. Πηγαίνατε με πέντε χιλιόμετρα την ώρα, και το φανάρι μπροστά μας ήταν πράσινο. Σας κόρναρα μήπως και το προλάβουμε».

«Και τι κορνάρεις; Δεν ξέρεις ότι είναι παράνομο;»

«Ενώ η παρακώλυση κυκλοφορίας είναι νόμιμη ε;» του λέω, χαμογελώντας, γιατί δεν έχει νόημα να αρπαχτώ με έναν άνθρωπο στα διπλά μου χρόνια για τέτοιο θέμα.

Στο μεταξύ πίσω μας φτάνει ένα ακόμη αυτοκίνητο. Ο οδηγός του, με το που σταματάει πίσω μου, πατάει μια κόρνα...αεροπλανοφόρου.

Ο παππούς, που στο μεταξύ έχει γυρίσει την πλάτη και ανοίγει το πορτμπαγκάζ του, (να ξεφορτώσει ήθελε τελικά), πετιέται τρομαγμένος. Γυρίζει έξαλλος, κοιτάζει το αυτοκίνητο πίσω μου και με μια έντονη χειρονομία φωνάζει:

«*Ε, τώρα να περιμένεις κι εσύ!*»

Αρχίζει να ξεφορτώνει, ενώ από τη θέση του συνοδηγού βγαίνει η γηραιά σύζυγος. Ο τύπος πίσω μου ξανακορνάρει παρατεταμένα. «*Βασιλάκη, άστα στο πεζοδρόμιο και θα πω στα παιδιά να κατέβουν να τα πάρουν. Γρήγορα Βασιλάκη μου*», λέει η γιαγιά στον παππού.

Ο Βασιλάκης της την κοιτάζει άγρια και με το πάσο του τελειώνει το ξεφόρτωμα. Ξανακοιτάει πίσω, τα μαζεύει και φεύγει. Αργά-αργά, ώστε να ξαναχάσουμε το προσφάτως πράσινο φανάρι...

Τριζόνια...

Το παρακάτω περιστατικό είναι απλώς ενδεικτικό. Παρόμοιες φάσεις έχουν συμβεί με διάφορες παραλλαγές. Καταλαβαίνω την κακή κατάσταση του εξαρτημένου από ουσίες, και έχω βοηθήσει κατά καιρούς, παίρνοντας με το ταξί ανθρώπους που ήξερα ότι μάλλον δεν θα πληρώσουν, αλλά δεν μου έκανε και καρδιά να αφήσω στον δρόμο γιατί είχαν το χάλι τους.

Σε μια περίπτωση, σταμάτησα και επιβίβασα τοξικομανή, που στην απελπισία του να βρει ταξί, είχε φτάσει στην μεσαία λωρίδα της Εγνατίας, κινδυνεύοντας να τον πατήσουν.

Παρ' όλα αυτά, το ταξί ΔΕΝ είναι περιπολικό, ασθενοφόρο, ή όχημα κοινωνικής υπηρεσίας. Επίσης, αν και οι τοξικομανείς δεν είναι γενικά επικίνδυνοι, ποτέ δεν ξέρεις σε τι κατάσταση μπορεί να βρεθούν, ειδικά αν νιώσουν στριμωγμένοι. Επίσης, όσο καλοπροαίρετος κι αν είμαι, ενοχλούμαι υπερβολικά όταν με κοροϊδεύουν μπροστά στα μούτρα μου.

Το ότι οι πρωταγωνιστές είναι αλλοδαποί, είναι συμπτωματικό, και το αναφέρω μόνο επειδή έχει σημασία στην εξιστόρηση. Είναι από τις ελάχιστες φορές που μεταφέρω αλλοδαπούς εξαρτημένους. Σε αυτό το θέμα, οι κοινότητες των μεταναστών είναι μάλλον υγιέστερες από των ντόπιων...

Τετάρτη βράδυ, λίγο πριν τις δώδεκα. Κατεβαίνοντας την Αγίων Πάντων, λίγο πριν τη γέφυρα των τρένων, με σταματάει ένας τύπος. Φαίνεται αλλοδαπός, αλλά και «μούτρο». Μόλις σταματάω, από το πουθενά (ήταν κρυμμένος ανάμεσα στα παρκαρισμένα αυτοκίνητα) εμφανίζεται ένας ακόμη τύπος. Ολοφάνερα πρεζόνι. Κακό σημάδι...

«Τώρα μάλιστα», σκέφτομαι...

Το πρεζόνι κάθεται πίσω, το «μούτρο» μπροστά. Περιμένω να μου πουν κάτι τύπου Δενδροπόταμο, όπου συνήθως πηγαίνουν για «ψώνια».

«Τι κάνεις φιλαράκο;» πετιέται με το που κάθεται, το πρεζόνι πίσω.

«Ό,τι μπορώ».

«Πού θα πάμε;»

«Φλέμινγκ με Μπότσαρη» (δηλαδή ανατολικά, στην άλλη πλευρά της πόλης).

«Μμμ εντάξει, αν και η Φλέμινγκ με την Μπότσαρη είναι παράλληλες».

«*Πήγαινε από την παραλία και θα σου πούμε*».

Μάλιστα! Δεν έχω κάνει πενήντα μέτρα, όταν ακούω αλλαγή στον ήχο του αυτοκινήτου. Γυρνάω το κεφάλι: ο πίσω έχει ανοίξει το παράθυρο.

«*Γιατί το άνοιξες; Ζεσταίνεσαι; Έχω αναμμένο κλιματισμό*».

«*Να καπνίσω ένα τσιγαράκι φιλαράκο*».

«*Όχι, να μην καπνίσεις εδώ μέσα. Κλείστο σε παρακαλώ*».

Γενικά, όντας και ο ίδιος καπνιστής, επιτρέπω το κάπνισμα, που από τον νόμο απαγορεύεται. Ένας στερημένος καπνιστής είναι ένας νευρικός πελάτης, κι εγώ δε θέλω νευρικούς πελάτες, όσο δεν ενοχλούν με τον καπνό τους κανέναν. Με τα παράθυρα ανοιχτά, και το συστηματικό καθάρισμα/απόσμηση, το ταξί παραμένει άοσμο και καθαρό. Ο συγκεκριμένος όμως, όπως τον βλέπω να γέρνει από νύστα (;), μπορεί και να μας βάλει και φωτιά εκεί πίσω.

Κλείνει το παράθυρό του, και δευτερόλεπτα μετά, ρωτάει:

«*Πόσο θα χτυπήσει μέχρι εκεί;*»

«*Τι εννοείς θα χτυπήσει;*»

«*Πόσα λεφτά θα κάνει;*»

«*Ξέρω 'γω; Τρία, τέσσερα ευρώ; Θα μας πει το ταξίμετρο*».

Κακό σημάδι.

Βγαίνουμε παραλία. Σε όλη τη διαδρομή, μιλάνε δυνατά και ασταμάτητα στη γλώσσα τους. Ο συνολικός εκνευρισμός της ημέρας, κορυφώνεται. Ό,τι και να λένε, ακούγεται σαν να μαλώνουν και είναι πολύ κουραστικό. Από το μυαλό μου περνάνε διάφορα. Να προσποιηθώ βλάβη, να τους πω να χαμηλώσουν ένταση. Δεν έχω όμως όρεξη για αψιμαχίες. Ας τους πάω να τελειώνουμε.

Στην Καλλιδοπούλου μου ζητάνε να ανηφορίσω. Ο μπροστά γυρνάει και λέει κάτι στον πίσω. Μέσα στα ξένα που του λέει, ακούγεται δυο φορές και η λέξη πορτοφόλι ελληνικότατα. Ο πίσω ψάχνεται, και απαντάει αρνητικά. Προφανώς ο μπροστά τον έχει ρωτήσει αν έχει εκείνος το πορτοφόλι του.

Κακό σημάδι και πάλι.

Στο μεταξύ χτυπάει το κινητό του μπροστά. Το σηκώνει και μέσα στο ξενόγλωσσο μπλα-μπλα, εμφανίζεται πάλι η λέξη πορτοφόλι. Ακούγεται καθησυχασμένος. Κλείνει, και λέει στον πίσω στα ελληνικά:

«Στο αυτοκίνητο ξέχασα το πορτοφόλι. Και έχω εξακόσια ευρώ μέσα».

Κακό, σημάδι.

Βγαίνουμε αριστερά στη Δελφών.

«Εδώ, εδώ».

Σταματάω.

«3,70» τους λέω.

Ο μπροστά εμφανίζει αμέσως ένα κέρμα των δύο ευρώ, που τόση ώρα πρέπει να κρατούσε στο χέρι του.

«Φίλε δυο ευρώ έχουμε...» ξεκινάει να λέει.

«Και γιατί μπήκατε στο ταξί αφού έχετε μόνο δύο ευρώ;» αγριεύω.

«Όχι, όχι, δεν το ξέραμε. Ξέχασα το πορτοφόλι μου».

«Ξέχασες το πορτοφόλι σου; Πάμε να το πάρουμε» του λέω.

«Ρε φιλαράκο χάλια είμαι, κλαψουρίζει ξαφνικά ο πίσω με ένταση. Πρεζόνης είμαι».

«Το βλέπω ρε φιλαράκο τι είσαι, του αντιγυρίζω. Από την αρχή σε είδα. Αυτό δεν σημαίνει ότι μπαίνεις τζάμπα στα ταξί. Αφού έχετε λεφτά, πάμε να πάρουμε το πορτοφόλι».

«Στο Βαρδάρη είναι το αυτοκίνητο», λέει ο μπροστά.

«Ωραία. Πάμε στο Βαρδάρη», λέω και κάνω ότι ξεκινάω.

Ο «πρεζόνης» πανικοβάλλεται.

«Εδώ είναι το αυτοκίνητο, εδώ!», φωνάζει.

Σταματάω.

«Πού εδώ είναι το αυτοκίνητο;» του λέω.

Στο μεταξύ ανοίγει την πόρτα, και κάνει να κατέβει.

«Κλείσε γρήγορα την πόρτα. Θα σας πάω πίσω εκεί που σας βρήκα, να πάτε στο αυτοκίνητο, να πάρετε τα λεφτά σας και να βρείτε άλλο ταξί να σας πάει όπου θέλετε. Δεν θέλω λεφτά».

«Τι;» ψελλίζει ο μπροστά.

«Είπα, θα σας πάω εκεί που σας πήρα και δεν θέλω λεφτά. Να πάρεις το πορτοφόλι σου και να γυρίσετε πίσω με άλλο ταξί».

«Όχι ρε φίλε. Σε παρακαλώ», λέει ο μπροστά. «Συγνώμη κι όλα, αλλά ξέχασα το πορτοφόλι μου σου λέω»

«Ε αυτό σου λέω κι εγώ. Να σας πάω πίσω να το πάρεις», του απαντάω.

Γιάννης Ψωμιάδης

«Σε παρακαλώ άφησέ μας εδώ. Συγνώμη. Δυο ευρώ έχω. Θα σου δώσω την ταυτότητά μου, να βρεθούμε να σου δώσω και τα 1,70 που σου χρωστάμε».

«Άσε, τα έχω ξανακούσει αυτά», του λέω. *«Και καλά θα δώσουμε ραντεβού, εγώ θα τρέχω και εσύ δεν θα εμφανιστείς ποτέ...»*

«Έχασα την ταυτότητά μου, θα πεις, και θα σου βγάλουν άλλη».

«Άμα δεν είχατε λεφτά, ας λέγατε από την αρχή έχουμε δυο ευρώ, θα μας πας;». *«Τι μου αρχίζετε τα παραμύθια και περιμένετε να σας πιστέψω; Άντε, δώσε τα δυο ευρώ και φύγετε»*

Ο «πρεζόνης» πηδάει από το αυτοκίνητο όπως-όπως, έρχεται μπροστά και αρχίζει να τραβάει από τον ώμο το «μούτρο».

«Πάμε, πάμε!»

Ο μπροστά κάτι ακόμη θέλει να πει. Πετάει ένα τελευταίο *«συγνώμη, ευχαριστώ»* και κατεβαίνει. Ο «πρεζόνης» στο μεταξύ, χώνεται τρέχοντας στο στενό δίπλα, μήπως και αλλάξω γνώμη.

Φεύγω. Δεν συνηθίζω να βρίζω, αλλά αυθόρμητα και εκ βαθέων μου βγαίνουν δυο αγανακτισμένες βρισιές που ακούω μόνο εγώ. Καλύτερα.

Πενταήμερη με... ασφάλεια

Άνοιξη βραδάκι, ανηφορίζω στα κάστρα. Διστακτικά σηκώνει το χέρι του και με σταματάει ένα παλικαράκι. Δέκα έξι με δέκα οχτώ χρονών, μέτριου αναστήματος, αδύνατο, με γυαλιά και εντελώς άγουρο βλέμμα.

«*Ξέρετε που είναι το Ρόδον;*»

«*Ναι, φυσικά*».

«*Μπορείτε να με πάτε εκεί;*»

«*Εννοείται*».

Μέχρι να κάνω εκατό μέτρα, μου έχει πει την ιστορία του. Έχει έρθει πενταήμερη με το σχολείο του από την Κέρκυρα, και ανέβηκε στα κάστρα να δει τη ξαδέλφη του που είναι φοιτήτρια εδώ.

Καθώς μου τα λέει όλα αυτά, έρχεται δίπλα μας ένα αυτοκίνητο, και ο οδηγός του μου κάνει νόημα να σταματήσω.

«*Κάτι θα θέλει να ρωτήσει*», λέω στον νεαρό. Κάνουμε στην άκρη. Ο οδηγός σταματάει δίπλα εσωτερικά (έχει ένα ανοιχτό πάρκινγκ οικοδομής), και χωρίς να κατέβει από το αυτοκίνητο με κοιτάζει και λέει: «*Της ασφάλειας είμαι. Δόθηκε σήμα ότι κάποιος που ταιριάζει με την περιγραφή του νεαρού, επιτέθηκε σε μια κοπέλα*».

Κοιτάζω τον νεαρό. Το παιδάκι έχει αλλάξει χρώμα. «*Εγώ στην ξαδέλφη μου ήμουν. Τώρα βγήκα έξω*», καταφέρνει να ψελλίσει.

«*Σίγουρα; Βγες από το ταξί*», του λέει ο "ασφαλίτης". Το παιδί, βγαίνει από το ταξί. Τα πόδια του τρέμουν, Βγαίνω κι εγώ και στέκομαι από την πλευρά του οδηγού, με ανοιχτή την πόρτα. Θέλω να έχω εύκολη πρόσβαση στο CB.

Ο τύπος τον κοιτάζει.

«*Έχεις ταυτότητα ή θα σε πάρω μέσα για εξακρίβωση;*» τον ρωτάει.

«*Δε... δεν έχω βγάλει ακόμη ταυτότητα*, λέει το παιδί. *Δεν έκλεψα τίποτε. Να κοιτάξτε*» και αρχίζει να αδειάζει τις τσέπες του.

Η όλη ιστορία δεν μου αρέσει. Οι άνθρωποι της ασφάλειας κινούνται συνήθως ανά δύο, και το αυτοκίνητο του τύπου δεν μοιάζει για συμβατικό της αστυνομίας. Η ψηλή βαριά τετράγωνη κατασκευή του σώματος και το πρόσωπό του, είναι πολύ χαρακτηριστικά. Δεν μπορώ να τον φανταστώ να παρακολουθεί κάποιον απαρατήρητος.

Από την άλλη, ποτέ δεν ξέρεις. Μπορεί να είναι με το IX του, και να έχει φορητό CB. Και σίγουρα θα υπάρχουν «ρόλοι» για μια τέτοια σωματική κατασκευή.

Ο πιτσιρικάς όμως, είναι ολοφάνερα τρομοκρατημένος και δεν φαίνεται να είναι ένοχος.

Αποφασίζω να επέμβω.

«*Εμένα πάντως μου ζήτησε να τον πάω στο Ρόδον, στο σχολείο του. Εύκολο είναι να μάθετε την ταυτότητά του από τους καθηγητές του. Όσο για την επίθεση στην κοπέλα, μήπως να πάμε να ρωτήσουμε την ξαδέλφη του, αν ήταν εκεί και τι ώρα έφυγε; Δεν πιστεύω πάντως πως είναι αυτός που ψάχνετε*».

Ο τύπος με κοιτάζει εξεταστικά.

«*Έτσι λες ταξιτζή;*»

«*Εμένα έτσι μου φαίνεται*»

Μας κοιτάζει μερικά δευτερόλεπτα ακόμη.

«*Εντάξει, φύγετε*», λέει.

Ξαναμπαίνουμε στο ταξί. Το παλικαράκι μιλάει γρήγορα και μπερδεμένα.

«*Δεν έκανα τίποτε. Τώρα βγήκα από το σπίτι της ξαδέρφης μου. Μένει στην οδό...*»

«*Σε πιστεύω*», τον διακόπτω. «*Όπως σε πίστεψε και ο αστυνόμος. Αν ήταν αστυνόμος*».

«*Δηλαδή μπορεί να μην ήταν αστυνόμος; Τι ήθελε τότε;*»

«*Μην ανησυχείς*», του απαντάω. «*Δεν θα τον άφηνα να σε πάρει έτσι μαζί του χωρίς να δείξει κάποια ταυτότητα. Χωρίς να πάρω στην αστυνομία να επιβεβαιώσω ότι είναι αυτός που λέει. Σε κάθε περίπτωση πρέπει να βεβαιώνεσαι ότι ο άλλος είναι αυτό που ισχυρίζεται. Για καλό και για κακό...»*

Ξαφνικά καταλαβαίνει τι υπαινίσσομαι και χλωμιάζει ακόμη περισσότερο.

Τουλάχιστον θα έχει μια καλή ιστορία να διηγηθεί στους συμμαθητές του!

Το γεφυράκι

Βράδυ Παρασκευής, λίγο πριν τις δώδεκα, βρίσκομαι στην πιάτσα της Πυλαίας, όταν η εκφωνήτρια κάνει κλήση:

«Πυλαία, στροφή Πανοράματος, στο γεφυράκι».

Στροφή Πανοράματος, ονομάζεται γενικά η διασταύρωση του περιφερειακού με την άνοδο για Πανόραμα. Το σημείο ανήκει στην πιάτσα Πυλαίας, οπότε διεκδικώ την κλήση και κατευθύνομαι. Επειδή όμως το στίγμα είναι ασαφές, ζητάω ενημέρωση. Οι συνάδελφοι που «κατεβαίνουν» στο ενημερωτικό κανάλι για να βοηθήσουν, δυστυχώς μου λένε αυτό που ξέρω ήδη. Υπάρχουν δύο προφανή γεφυράκια, στις δυο αντίθετες πλευρές του περιφερειακού. Πηγαίνω και στα δυο. Δεν υπάρχει πελάτης.

Καινούριες διαβουλεύσεις με συναδέλφους, καινούριες βόλτες στις εξόδους του περιφερειακού. Τίποτε...

Ζητάω από το κέντρο να επικοινωνήσει με τους πελάτες. Η εκφωνήτρια τηλεφωνεί και μετά από λίγο μου λέει:
«Βρίσκονται πάνω στο δρόμο, λίγο πιο κάτω από το γεφυράκι της στροφής Πανοράματος».

«Ρωτήστε τους, ποιο γεφυράκι; Σε ποια πλευρά του περιφερειακού;»

«... Στο ρεύμα που πηγαίνει προς το κέντρο βρίσκεται η πελάτισσα», μου απαντάει μετά από λίγο η εκφωνήτρια.

Συνεχίζω την αναζήτηση, καταφέρνοντας να περάσω από όλες τις εξόδους-εισόδους του κόμβου, αλλά ματαίως. Δεν υπάρχει ψυχή. Στο μεταξύ έχουν περάσει και δέκα πέντε λεπτά από την ώρα που έγινε η κλήση.

Καινούρια επικοινωνία με το κέντρο. Η εκφωνήτρια τηλεφωνεί και πάλι στην πελάτισσα. Οι πληροφορίες της και αυτή τη φορά, είναι εξίσου αόριστες. Δεν θα βγάλουμε άκρη έτσι. Έχω όμως μια ιδέα:

«Κέντρο, περάστε μου το κινητό της πελάτισσας στον παπαγάλο, να επικοινωνήσω εγώ απ᾽ ευθείας μαζί της, μήπως και συνεννοηθούμε».

Έτσι γίνεται σε λίγο τηλεφωνώ στην πελάτισσα.

«Είμαι ο οδηγός του ταξί που έρχεται να σας παραλάβει. Πού ακριβώς βρίσκεστε;»

«Μετά το γεφυράκι του Πανοράματος, λίγο παρακάτω».

«Ναι, όταν λέτε γεφυράκι του Πανοράματος; Από ποια πλευρά; Είστε σε κάποιο δρομάκι;»

Γιάννης Ψωμιάδης

«*Όχι, όχι, πάνω στον περιφερειακό βρισκόμαστε*».

Αυτό με μπερδεύει περισσότερο, αλλά συνεχίζω τις διερευνητικές ερωτήσεις:

«*Σε ποιο ρεύμα του περιφερειακού είστε. Σ' αυτό που πηγαίνει στο κέντρο, ή στο απέναντι;*»

«*Σ' αυτό που πηγαίνει στο κέντρο*».

Όσο μιλάμε έχω ήδη βγει στον περιφερειακό και ψάχνω κοντά στις εξόδους του. Δεν υπάρχει κανείς.

«*Δηλαδή, ξαναρωτάω, είστε πάνω στον περιφερειακό; Σίγουρα;*»

«*Ναι!*»

«*Δεν σας βλέπω, και πλησιάζω το τούνελ. Μήπως πηγαίνω ανάποδα;*»

«*Όχι, όχι. ΜΕΤΑ το τούνελ είμαστε*».

«*Μετά το τούνελ; Προς την πόλη;*»

«*Ναι!*»

Περνάω το τούνελ, πλησιάζω στον κόμβο των Κωνσταντινουπολίτικων. Κανείς!

«*Έχω περάσει και το τούνελ. Δεν σας βλέπω*».

«*Λίγο παρακάτω είμαστε*».

Τους βλέπω τελικά! Στην άκρη του δρόμου, δίπλα σ' ένα μικρό αυτοκίνητο το οποίο περιμένει να το φορτώσουν στον γερανό της οδικής βοήθειας. Σταματάω πίσω τους.

Στο ταξί επιβιβάζονται δυο κοπέλες, αφήνοντας πίσω τον καλοντυμένο συνοδό τους, να συνοδεύσει το αυτοκινητάκι του στο γερανό. Προφανώς είχαν βγει για διασκέδαση, αλλά το όχημα τους πρόδωσε.

«Ξέρετε, δεν βρίσκεστε στη στροφή Πανοράματος», τους λέω. «Είστε δυο κόμβους παρακάτω, στην έξοδο για Τούμπα».

«Α ναι;» λέει αυτή με την οποία μιλούσα στο τηλέφωνο (αναγνωρίζω τη φωνή).

«Από εδώ δεν πάει για Πανόραμα;»

«Καλά, νύχτα είναι, μπορεί να μπερδευτεί κανείς. Αλλά πείτε μου δυο πράγματα. Κατ΄ αρχήν, ο άνθρωπος της οδικής βοήθειας δεν σας είπε πού ακριβώς βρίσκεστε για να καλέσετε ταξί;»

«Δεν άκουσε ότι καλέσαμε ταξί. Κοίταζαν το αυτοκίνητο εκείνη την ώρα»

«Μάλιστα. Πείτε μου όμως σας παρακαλώ, αυτό το γεφυράκι που ψάχνω τόση ώρα, πού βρίσκεται;»

«Ε, να εκεί πίσω, δεν το βλέπετε;» ρωτάει όλο απορία η κοπελιά.

Κοιτάζω από τους καθρέφτες ψάχνοντας. Και τελικά το βλέπω!

«Γεφυράκι» αποκαλεί, την ύψους οκτώ και μήκους διακοσίων μέτρων, δύο λωρίδων, φωτισμένη με μπλε ατμοσφαιρικό φωτισμό στις κολώνες της, στιβαρή και επιβλητική γέφυρα, του κόμβου της Τούμπας!

Γιάννης Ψωμιάδης

The Black and the Furious

Μου έτυχαν επίσης τα δυο παρακάτω περιστατικά, με διαφορά μιας μέρας μεταξύ τους. Επειδή, όχι μόνο δεν είμαι ρατσιστής, αλλά αντιθέτως, είμαι αντιρατσιστής, αναρωτήθηκα αν πρόκειται για προβοκατόρικη σκευωρία τύπου «black against black»[12].

Στην πρώτη περίπτωση, επιβίβασα έναν κύριο με τυπικό προφίλ μαύρου επιχειρηματία. Θερινό κοστούμι, χρυσό ρολόι και δαχτυλίδια, ακριβός χαρτοφύλακας.

«Αεροδρόμιο».

«Βέβαια».

Όλοι οι διάλογοί μας μεταφράζονται από τα αγγλικά.

Φτάνουμε στο αεροδρόμιο.

Το ταξίμετρο γράφει 6,40.

«Πόσο κάνει;» με ρωτάει.

---

12. Μαύρος εναντίον μαύρου

«*6,40 που έγραψε το ταξίμετρο, συν 2,80 επειδή ήρθαμε αεροδρόμιο, 9,20 σύνολο*», απαντάω αναλυτικά, όπως το συνηθίζω.

«*Τι;*» ρωτάει με έκπληξη στο πρόσωπό του.

«*Εννέα ευρώ και είκοσι λεπτά*», ξαναλέω. «*Το ταξίμετρο έγραψε...*» (επαναλαμβάνω και την ανάλυση της τιμής).

Με κοιτάζει και χαμογελάει τύπου «δεν είμαι κορόιδο». «*Όχι, όχι φίλε μου. Είναι πάρα πολλά*», μου λέει.

«*Είναι τι;*» Δεν πιστεύω ότι άκουσα σωστά.

«*Πάρα πολλά. Θα σου δώσω εφτά ευρώ*».

Τα νεύρα μου.

«*Ναι, κοιτάξτε. Το ποσό που σας λέω δεν το βγάζω από το μυαλό μου. Το ταξίμετρο εδώ μπροστά σας γράφει 6,40 και κοιτάξτε κι εδώ*» (του δείχνω το τιμολόγιο που γράφει From and to the Airport[13], 2,80). «*Σύνολο, 9,20*».

Με κοιτάζει με αμφιβολία, και βγάζει ένα δεκάρικο.

«*Εντάξει, κράτα οκτώ*», μου λέει.

«*Κοιτάξτε, εγώ δεν έχω πρόβλημα*», του λέω. «*Τα χρήματα που σας ζητάω είναι τα νόμιμα και εκεί πίσω έχει αστυνομία*» (υπάρχει όντως περιπολικό εκείνη την ώρα στη ράμπα του αεροδρομίου). «*Πολύ ευχαρίστως να πάμε να ρωτήσετε αν αμφιβάλλετε*».

«*Εντάξει, εντάξει*», μου λέει συνεχίζοντας να χαμογελάει.

Παίρνω το δεκάρικο, του δίνω τα ρέστα του, τα παίρνει και φεύγει.

---

13. Από και προς το αεροδρόμιο

Γιάννης Ψωμιάδης

Την επόμενη μέρα, έτερος μαύρος, νεαρός αυτή τη φορά, επιβιβάζεται από την Καμάρα στην Εγνατία. *«Ολυμπιάδος δέκα»,* μου λέει. Τα ελληνικά του είναι σπαστά, αλλά κατανοητά.

Καθ' οδόν με ζαλίζει στις ερωτήσεις. Οδηγάω καιρό ταξί; Δικό μου είναι; Βγάζω πολλά λεφτά; Αυτός μπορεί να οδηγήσει; Τι χαρτιά χρειάζεται; Μπορεί και να το αγοράσει; ...

Ταυτόχρονα, σε κάθε στροφή που παίρνω, με ρωτάει:

«Αυτή είναι η Ολυμπιάδος;»

(Η Ολυμπιάδος είναι ο πέμπτος παράλληλος πάνω από την Εγνατία από όπου και ξεκινήσαμε, σε απόσταση ελάχιστης μίσθωσης.)

Με τα πολλά μπαίνουμε στην Ολυμπιάδος.

«Αυτή είναι η Ολυμπιάδος», του λέω.

«Το νούμερο δέκα θέλουμε», λέει και αρχίζει να ψάχνει τις οικοδομές.

«Τριάντα εφτά, τριάντα τρία...»

«Απέναντι είναι τα ζυγά», τον διακόπτω.

«Ααα, ναι;»

«Και εκεί είναι το δέκα», του δείχνω την οικοδομή, καθώς έχουμε πλέον φτάσει.

Κοιτάζει με αμφιβολία.

«Είναι το δέκα;»

«Πάνω από την είσοδο, με μικρά ασημένια γράμματα το γράφει. Το βλέπετε;»

Κοιτάει, ξανακοιτάει, και εγώ αναρωτιέμαι, αν δεν είχε αριθμό η οικοδομή, τι θα έπρεπε να κάνω για να πείσω

86

τον πελάτη ότι είμαστε εκεί που ζήτησε. Τελικά, βλέπει το νούμερο και το πρόσωπό του φωτίζεται.

«Πόσο θέλεις;»

«Ελάχιστη μίσθωση κάναμε, δύο ογδόντα δηλαδή».

«Πόσα;»

«Δύο ευρώ και ογδόντα λεπτά».

«Από εκεί μέχρι εδώ; Πολλά είναι».

Τα νεύρα μου.

«Κοίτα, αυτό είναι το λιγότερο που μπορείς να πληρώσεις σε ταξί. Και πέντε μέτρα να κάναμε, τόσο θα ήταν»

Με κοιτάζει με δυσπιστία. Η υπομονή μου με εγκαταλείπει.

«Δες μόνος σου, να μη νομίζεις ότι τα βγάζω από το μυαλό μου», του λέω, και τραβάω το τιμολόγιο από εκεί που βρίσκεται αναρτημένο (στο ταμπλώ, μπροστά στα μάτια του), για να του δείξω.

Τρομάζει κάπως.

«Εντάξει, εντάξει, σε πιστεύω».

«Αν με πίστευες δεν θα έκανες κουβέντα ότι είναι πολλά»

«Αστεία το είπα, προσπαθεί να τα μπαλώσει».

«Ούτε αστεία το είπες, ούτε αστείο είναι».

«Εντάξει, εντάξει», επαναλαμβάνει αυτός.

Τα έχει χαμένα. Πληρώνει, παίρνει τα ρέστα και φεύγει.

Το να σε θεωρούν άδικα κλέφτη, μπορεί να είναι πιο ενοχλητικό από το να σε κλέβουν.

Γιάννης Ψωμιάδης

Ο Παπαγάλος

Αυτή την ιστορία την λέω τόσο καιρό «ζωντανά», έξι και πλέον χρόνια που οδηγάω ταξί δηλαδή. Ιδού λοιπόν:
Θα πρέπει να εξηγήσω πρώτα δυο τεχνικά θέματα που αφορούν στο ραδιοταξί. Κατ´ αρχήν, την «πεντατονία», το «κελάηδισμα» δηλαδή που ακούγεται αφού μιλήσει κάποιος στο CB του ραδιοταξί, αφήνοντας το κουμπί του μικροφώνου. Αυτός ο πεντάτονος ήχος, λέει στο CB του κέντρου του ραδιοταξί, αλλά και σε όσα CB έχουν τη τεχνική δυνατότητα, ποιο ήταν το χαρακτηριστικό (ο αριθμός που βλέπετε επάνω στην «κουκούλα» του ταξί (στην Αθήνα νομίζω την λένε «καπέλο» αυτού που μίλησε τελευταίος στο «κανάλι». Έχει όμως και μια ακόμη, βασικότερη ίσως χρησιμότητα. Αν πατήσεις και αφήσεις το κουμπί του μικροφώνου σε

κάποιο άλλο κανάλι (συχνότητα) που υπάρχει γι' αυτόν ακριβώς το λόγο, ο υπολογιστής του κέντρου βλέπει ποιος είσαι και αναμεταδίδει από ηχογράφηση την τελευταία κλήση που πήρες από το κέντρο. Αν δηλαδή δε θυμάσαι οδό, αριθμό ή άλλες πληροφορίες που έδωσε η εκφωνήτρια, πας στο κατάλληλο κανάλι, πατάς το μικρόφωνο, και ακούς την εκφωνήτρια να επαναλαμβάνει την κλήση σου όσες φορές θέλεις. Το σύστημα ονομάζεται «παπαγάλος», επειδή παπαγαλίζει την τελευταία κλήση.

Ελπίζω να γίνομαι κατανοητός μέχρι εδώ, ώστε να καταλάβετε παρακάτω.

Αν όχι, ξαναδιαβάστε την προηγούμενη παράγραφο...

Στην αρχή της σταδιοδρομίας μου ως ταξιτζής και αγνοώντας παντελώς την ύπαρξη και τη χρησιμότητα του παπαγάλου, καθώς μου είχαν πει και είχα ρωτήσει διάφορα, αλλά όχι αυτό, παίρνω μια από τις πρώτες μου κλήσεις.

«Στροφή Επανωμής, στη ....» λέει η εκφωνήτρια (δεν έχω ακούσει καλά τι είπε, δεν τολμάω και να ρωτήσω όμως. Θα το βρω!)

Πηγαίνω στη στροφή Επανωμής και περιμένω να βρω πελάτη. Δεν βλέπω κανέναν. Το σκέπτομαι λίγο και τελικά καλώ το κέντρο.

«Δε βλέπω κανέναν εδώ. Μου είπατε και κάτι άλλο εκτός από στροφή Επανωμής;»

«Ο παπαγάλος σας τι λέει;» ρωτάει η εκφωνήτρια, καταλαβαίνοντας ότι είμαι καινούριος.

«Ο ποιος; Δεν σας κατάλαβα κέντρο!». Είπε παπαγάλος
ή το φαντάστηκα;...
*«Κατεβείτε στο κανάλι δύο με κάποιον ελεγκτή να σας
εξηγήσει».*
Κατεβαίνω όντως στο κανάλι δύο και ζητάω βοήθεια.
Ο συνάδελφος που εμφανίζεται με ρωτάει τι ψάχνω. Του
εξηγώ την κατάσταση.
«Ο παπαγάλος σου τι λέει; Δεν έχεις παπαγάλο;»
Το ξέρω ότι θα φανεί ανόητο, αλλά εντελώς αυθόρμη-
τα γυρίζω και κοιτάζω μέσα στο αυτοκίνητο, ψάχνοντας
να δω ίσως, να κρέμεται ανάμεσα στις πίσω θέσεις, κανέ-
να πτηνό, που δεν το είχα προσέξει μέχρι τότε. Ή μήπως
είναι κανένα εξάρτημα στο ταμπλώ, για το οποίο δεν μου
είπε τίποτε ο συνεργάτης μου;
*«Συγνώμη αλλά είμαι καινούριος. Αν έχω παπαγάλο,
που βρίσκεται;»*
*«Συνάδελφε, θα πας στο κανάλι τέσσερα και θα πατήσεις
μια φορά το press* (το κουμπί του μικροφώνου), *και θα
το αφήσεις. Θα ακούσεις ηχογραφημένη την κλήση σου.
Γι᾽ αυτό το λέμε παπαγάλο»,* μου εξηγεί ο συνάδελφος
υπομονετικά.
Έτσι λύθηκε το μυστήριο! Κι εγώ γνωρίστηκα με το
φλύαρο ηλεκτρονικό πετούμενό μας. Πολύ χρήσιμο και
πολύ μας λείπει όταν είμαστε σε σημείο που δεν μας
«ακούει» για να μας απαντήσει.
Παρενθετική ιστορία νούμερο 1: Στο κουμπί του μι-
κρόφωνου των CB συνήθως γράφει «press», υπονοώ-
ντας «πατήστε για να μιλήσετε». Οι παλαιότεροι ειδικά

ταξιτζήδες που δεν ήξεραν αγγλικά, θεώρησαν ότι έτσι ονομάζεται το μικρόφωνο του CB. Οπότε δεν είναι σπάνιο να τους ακούσεις να λένε *«έχε από κοντά το press μήπως γίνει καμία κλήση»* ή *«μου χάλασε το καλώδιο του press»,* ή *«δεν τον άφηνε ο επιβάτης να μιλήσει στο press».* Οποιαδήποτε προσπάθεια να λύσεις την παρεξήγηση ετών δεν έχει νόημα ...

Παρενθετική ιστορία νούμερο 2: Το κέντρο καλεί κάποια στιγμή έναν «παππού» συνάδελφο γνωστό και από άλλες γκάφες.

«Κατεβείτε στον παπαγάλο έχετε μήνυμα», του λέει.

(Αυτό συνηθιζόταν πολύ παλαιότερα, ειδικά με αυτούς που δεν είχαν κινητό. Όποιος τους έψαχνε, τηλεφωνούσε στο κέντρο του ραδιοταξί και η εκφωνήτρια τους άφηνε μήνυμα αντί για κλήση, στον παπαγάλο).

Ο συνάδελφος λοιπόν κατεβαίνει στον παπαγάλο να ακούσει το μήνυμα.

Εγώ, στο μεταξύ κατευθύνομαι σε κλήση ήδη, και «κατεβαίνω στον παπαγάλο» για να ακούσω τον αριθμό της οδού, οπότε βρίσκομαι να παρακολουθώ τα δρώμενα.

Ο παππούς πατάει το press του, και ακούγεται η ηχογράφηση.

«Πήραν τηλέφωνο από το σπίτι σας, ζήτησαν να επικοινωνήσετε».

Οπότε ο συνάδελφος, στο κανάλι του παπαγάλου πάντα, ξαναπαίρνει το μικρόφωνο και λέει:

«Κέντρο πες τους, θα πάω σε λίγο από το σπίτι».

Αφήνει το press, και φυσικά, ο παπαγάλος ξαναπαίζει το ίδιο ηχογραφημένο μήνυμα. Οπότε ο τύπος ξαναπαίρνει μικρόφωνο και λέει: *«Εντάξει, εντάξει!»* Αφήνει το press, ακούγεται τρίτη φορά η πεντατονία, και ο παπαγάλος αξιόπιστα, τα λέει τρίτη φορά. Κάπου εδώ ο συνάδελφος εγκαταλείπει (ευτυχώς!) και αφήνει τη συχνότητα ελεύθερη να ακούσω κι εγώ την κλήση μου επιτέλους. Όχι ότι δεν το διασκέδασα βέβαια ...

Φυσικά εκτός από εμένα, δεν τον ακούει κανένας άλλος. Πολύ περισσότερο η εκφωνήτρια, που δεν ακούει ποτέ σ' εκείνη τη συχνότητα). Σαν να προσπαθείς να συζητήσεις με το κασετόφωνό σου, ενώ κάνεις συνεχώς rewind δηλαδή ...

Γιάννης Ψωμιάδης

Super Scooter ...

Ως χρόνιος οδηγός μηχανής, ήθελα από καιρό να γράψω σχετικά με τα super scooter που έχουν κατακλύσει το σύμπαν. Βασικά, όχι τόσο για τα ίδια τα scooter, όσο για έναν τύπο του οδηγού τους που επίσης έχει κατακλύσει το σύμπαν!

Την αφορμή μου έδωσε ένας οδηγός scooter 500 κυβικών, χωρίς κράνος, με κλασικό Ray-ban γυαλί, Lacoste μπλουζάκι, κυριλέ βερμούδα και δερμάτινη σαγιονάρα.

Το 80% των οδηγών τέτοιων μηχανών, θεωρεί αυτό το ντύσιμο απαραίτητο (με μικρές παραλλαγές).

Ο εν λόγω κύριος, αποφασίζοντας ότι οι νόμοι δεν ισχύουν για την περίπτωσή του, βγήκε από την Αριστοτέλους στην Εγνατία με κόκκινο. Όταν με είδε να έρχομαι, πενήντα μέτρα πριν τη σύγκρουση, (δεν ξέρω πώς δε με είχε δει τόση ώρα που ερχόμουν, ίσιος είναι ο δρόμος), άνοιξε τέρμα το γκάζι «πλαγιάζοντας» δεξιά για να προλάβει να φύγει. Φυσικά η μηχανή «πέταξε κώλο» γυρνώντας τον εκατόν ογδόντα μοίρες. Από θαύμα δεν έπεσε, από θαύμα δεν τον χτύπησα. Από την έκφρασή του καταλάβαινες ότι δεν περίμενε ποτέ ότι η super duper μηχανή του θα συμπεριφερόταν έτσι. Μάλιστα αγαπητέ, το κυριλέ όχημά σου μπορεί να αποδειχθεί επικίνδυνο όταν κάνεις βλακείες.

Τους τελευταίους μήνες λοιπόν, οι δρόμοι έχουν γεμίσει με τέτοια αυτόματα scooter, με παντοδύναμους κινητήρες 250, 400, 500 κυβικών. Για όσους δεν ξέρουν, αυτόματο σημαίνει την απουσία συμπλέκτη και ταχυτήτων. Ανοίγεις το γκάζι, και το αυτόματο κιβώτιο αναλαμβάνει να μεταδώσει την κίνηση στην πίσω ρόδα, με όποιον τρόπο νομίζει. Και όταν ανοίξεις τέρμα το γκάζι, αυτό σημαίνει, ΤΕΡΜΑ ΤΟ ΓΚΑΖΙ!!! Η μηχανή επιταχύνει απίστευτα γρήγορα μεταφέροντας όλους τους ίππους της στην πίσω ρόδα. Και «είναι πολλά τα κυβικά Άρη!»

Δεν έχω τίποτε εναντίον των scooter ή των κατασκευαστών τους, αν και η οδήγησή τους απαιτεί μια διαφορετική εξοικείωση με τον τρόπο λειτουργίας του καθενός από αυτά. Γενικά θα έλεγα ότι ένα τέτοιο «μηχανάκι» 400-500 κυβικών, δεν είναι για καινούριους οδηγούς. Ή εν πάσει περιπτώσει, θέλει παιδεία και σωστή ενημέρωση.

Είμαι υπέρ κάθε δίτροχης αυτοκίνησης, αρκεί να γίνεται με ασφάλεια. Δυστυχώς, οι πάντα επιδέξιοι Ελληνάρες οδηγοί (όχι όλοι προφανώς) καταφέρνουν να μετατρέπουν το βολικό σε... διαβολικό. Και εξηγούμαι καλύτερα:

Για τους περισσότερους περήφανους κατόχους μεγάλου scooter, είναι εμφανώς η πρώτη τους μοτοσικλέτα. Αφού πήραν (αν πήραν) το δίπλωμά τους με τα χίλια ζόρια, καβαλούν μερικές εκατοντάδες κυβικά χωρίς καμιά προηγούμενη εμπειρία και με πλήρη άγνοια κινδύνου. Ο πωλητής (ή ο φίλος που έχει ίδιο) τους έχει πείσει ότι βρίσκονται πάνω στο ασφαλέστερο δίκυκλο του κόσμου. Σ' αυτό συνηγορεί και η αίσθηση που σου δίνουν αυτά τα scooter ότι δηλαδή βρίσκεσαι προστατευμένος σε κάποιο «κλειστό». ας πούμε, χώρο και όχι επάνω σε μηχανή. Έτσι νιώθοντας άτρωτοι κάτι σαν να οδηγούν αυτοκίνητο, δεν φορούν κράνος, ενώ δεν είναι σπάνιο να τους δεις με σαγιονάρες ή με σανδάλια. Αυτό σημαίνει ότι σε περίπτωση έστω και μικρού γλιστρήματος κάποιου τροχού, το διορθωτικό πάτημα του ποδιού στην άσφαλτο (που γίνεται αστραπιαία και αντανακλαστικά σ' αυτές τις περιπτώσεις) θα τους κοστίσει, το λιγότερο, εκδορές και έγκαυμα στο πόδι. Αυτό βέβαια ισχύει ΑΝ καταφέρουν και ΑΝ φτάνουν να βγάλουν το πόδι έξω από την «ποδιά» του scooter.

Έχοντας κάποιοι την εντύπωση ότι οδηγούν Harley στις ατελείωτες αμερικάνικες ευθείες, βάζουν τα πόδια μπροστά ψηλά, σχεδόν στο ίδιο ύψος με τα γόνατά τους! Αυτό μετακινεί το κέντρο βάρους πίσω και ψηλά, καθώς το σώμα έρχεται σε κάπως ξαπλωτή στάση. Έτσι ο οδηγός βρίσκεται να κρατάει το τιμόνι με τεντωμένα χέρια. Η συνολική στάση και θέση, είναι εντελώς λανθασμένη για το σωστό έλεγχο της μηχανής. Σε συνδυασμό με την υψωμένη θέση του οδηγού, την υπερυψωμένη του συνεπιβάτη, και την υπέρ-υπερυψωμένη μπαγκαζιέρα, το τελικό κέντρο βάρους ανεβαίνει κάπου στα 4/5 του ύψους της μοτοσικλέτας, κατεβάζοντας την ευστάθειά της κάπου στο μηδέν. Με αυτές τις προδιαγραφές και τους νόμους της φυσικής εναντίον τους, κάποιοι ελίσσονται με στυλ οδηγού μηχανής πίστας, κάνουν ανόητες σφήνες, παίρνουν κλειστές στροφές γέρνοντας επικίνδυνα, μιλάνε στο κινητό κρατώντας το στο αριστερό χέρι (έτσι ώστε να μην είναι δυνατόν να πατήσουν το πίσω φρένο που βρίσκεται στη μανέτα του αριστερού χεριού), και γενικά βρίσκονται σε μια αφελή νιρβάνα ασφάλειας.

Οι ρόδες των περισσότερων super scooter είναι μικροσκοπικές σε σχέση με το μέγεθος, το εκτόπισμα και κυβικά τους και σίγουρα ακατάλληλες για τους κακοτράχαλους ελληνικούς δρόμους, ακόμη και στη φυσιολογική οδήγηση. Οι πιο ξεψαρωμένοι όμως, δεν θα χάσουν ευκαιρία να κάνουν «μπάντες» με τα λιωμένα λάστιχά τους, βάζοντας τους αγγέλους να χτυπάνε υπερωρίες και τις καρδιές των γύρω οδηγών να χτυπάνε τριακόσιους παλμούς το λεπτό.

Αν σκέφτεστε να αγοράσετε κάποιο τέτοιο μεγάλο scooter, ζητήστε τη γνώμη κάποιου έμπειρου αναβάτη. Δεν ταιριάζει κάθε όχημα στις ανάγκες κάθε οδηγού. Αν έχετε ήδη τέτοιο scooter, σας παρακαλώ προσοχή. Το μηχανάκι σας είναι ευρωπαϊκό και πολιτισμένο. Ας είναι και η οδήγησή σας! Γιατί οι δρόμοι και οι οδηγοί γύρω σας, δεν είναι!

Γιάννης Ψωμιάδης

Μάντεψε που πηγαίνω...

Για την παρακάτω ιστορία μάλλον χρειάζονται βασικές γνώσεις του... σχεδίου πόλεως. Οπότε συμβουλευτείτε το χάρτη όταν χρειάζεται!

Ο ασπρομάλλης κύριος επιβιβάζεται στα ΚΤΕΛ.

«Καλημέρα».

«Καλημέρα. Τι κάνουμε; Άντε, πάμε μια βόλτα».

«Να πάμε», του λέω.

Ξεκινάω περιμένοντας να μου πει προς τα πού θα πάμε τη βόλτα, αλλά δε λέει τίποτε.

«Θα μου πείτε που θα πάμε, ή να κάνω βόλτα έτσι γενικά;»

«Δεν ξέρεις;» μου λέει.

«Δεν ξέρω», απαντάω.

«Ααα! Κακώς, θα έπρεπε».

Έχει όρεξη για αστειάκια, από ό,τι βλέπω...

«Αν μπορούσα να μαντέψω τον προορισμό σας, θα έκλεινα το ταξί και θα γινόμουν μέντιουμ», ανταποδίδω το αστειάκι.

Δεν απαντάει. Μάλλον δεν το έπιασε.

Κινούμαι μερικά μέτρα ακόμη, αλλά δεν λέει τίποτε.

«Πείτε μου όμως προς τα πού πάμε, για να κατευθυνθώ ανάλογα».

«Βγες από εδώ ευθεία και θα σου πω».

«Καλώς».

«Θα βγούμε στη Λαγκαδά και θα σου πω μετά».

Μέχρι εδώ όλα καλά. Ξαφνικά όμως συμπληρώνει.

«Θα βγούμε εκεί στην Ξηροκρήνη και θα σου πω».

«Στην Ξηροκρήνη; Κακώς πάμε από εδώ τότε. Στη Μοναστηρίου θα έπρεπε να μπω».

«Όχι, όχι, όχι», μου λέει.

«Καλά πάμε από εδώ. Μια ζωή Σαλονικιός είμαι σου λέω. Ξέρω».

«Με μπερδέψατε», του απαντάω.

«Ξηροκρήνη δεν είπατε;»

«Ε ναι, εκεί από τα μνήματα της Αγίας Παρασκευής θα πάμε, και θα σου πω μετά».

«Δηλαδή θα πάμε και θα μπούμε στην 28ης Οκτωβρίου αν καταλαβαίνω καλά;»

Γυρίζει και με κοιτάζει έντονα.

«Καινούριος είσαι;»

«Έξι χρόνια έχω στο ταξί. Γιατί;»

«Γιατί βλέπω ότι δεν τα ξέρεις καλά».

Τα νεύρα μου.

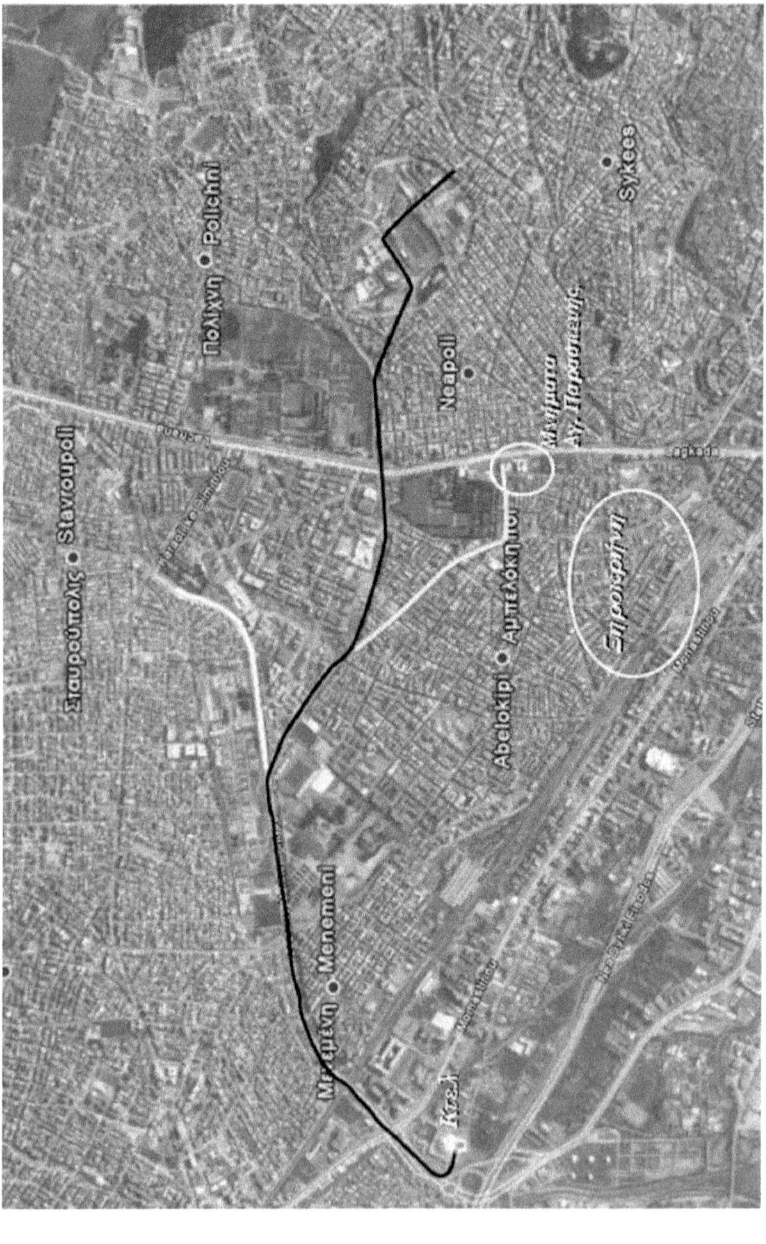
Σταυρούπολις
Stavroupoli
Πολίχνη
Polichni
Neapoli
Sykees
Μνήματα
Αγ. Παρασκευής
Αμπελόκηποι
Abelokipi
Μενεμένη
Menemeni

«*Εγώ δεν τα ξέρω καλά; Μου έχετε πει μέχρι τώρα για οδό Λαγκαδά, Ξηροκρήνη, μνήματα Αγίας Παρασκευής. Πείτε μου σας παρακαλώ, ο τελικός προορισμός μας ποιος είναι; Πού ακριβώς θέλετε να σας πάω;*»
«*Στη Νεάπολη, στο παλιό τέρμα, δεν είπαμε;*»
Όχι, δεν είπαμε και κάπου εδώ το ποτήρι ξεχειλίζει.
«*Καλά, και γιατί δεν μου λέτε από την αρχή, Νεάπολη στο παλιό τέρμα, ή Νεάπολη, Παπανδρέου με Κύπρου ή κάτι παρόμοιο. Γιατί μου ανακατεύετε Ξηροκρήνη, Αγία Παρασκευή και λοιπά; Τι δουλειά έχουμε εκεί; Από εδώ που είμαστε, θα πάμε μέσω της Ακριτών να συναντήσουμε τη Λαγκαδά στο ύψος του στρατοπέδου Παύλου Μελά, από εκεί θα περάσουμε απέναντι στη Νεάπολη στη Δαβάκη, και μέσω της περιοχής πρώην στρατοπέδου Στρεμπενιώτη θα βγούμε στο παλιό τέρμα που θέλετε. Ούτε Ξηροκρήνη θα δούμε, ούτε Αγία Παρασκευή ούτε τίποτε*».
Δεν απάντησε, και δεν ξαναμίλησε σε όλη τη διαδρομή.

Γιάννης Ψωμιάδης

Στυλιανός ο Βαρύμαγκας

Ιανουάριος 2008, γύρω στις 3 τα ξημερώματα. Κατεβαίνω την Αγίων Πάντων, με σκοπό να πάω να κλείσω σιγά-σιγά. Ο τύπος που μου σηκώνει το χέρι παραπατάει λίγο σαν να έχει πιει. Είναι ψηλός και ογκώδης, κοντά στα εξήντα ίσως, αλλά καλοστεκούμενος. Πλησιάζω και εξετάζω το βλέμμα του. Δεν μου εμπνέει ανησυχία. Γενικά ψυχολογώ τους ανθρώπους, κυρίως από τα μάτια τους, με σχετική επιτυχία, αλλά τα τελευταία έξι χρόνια που οδηγάω ταξί, η ικανότητα αυτή έχει γίνει εργαλείο της δουλειάς.

Σταματάω και επιβιβάζεται. Έχει πιει όντως, ούζο.

«Γεια σου φιλάρα. Τι κάνουμε; Όλα καλά;» λέει με το που μπαίνει.

«Όλα καλά», του απαντάω φιλικά. *«Πού θα πάμε;»*

«Στα ΚΤΕΛ τράβα, και θα σου πω» μου λέει. *«Εκεί στη γέφυρα».*

Ανησυχητικό αυτό, καθώς κοντά στη γέφυρα που λέει, είναι και ο Δενδροπόταμος, περιοχή στην οποία δεν θα ήθελα να μπω βραδιάτικα. Βγαίνουμε στη Μοναστηρίου. Καθώς επιταχύνω, μου δείχνει ένα περίπτερο. «*Σταμάτα, σταμάτα εδώ*», μου λέει. Σταματάω. Ανοίγει το παράθυρο και φωνάζει τον περιπτερά. Το παλικάρι βγαίνει, τον βλέπει και έρχεται κοντά χαμογελώντας. «*Τι κάνεις Στελάρα;*» του λέει. «*Πού χάθηκες;*» «*Ε, ξέρεις τώρα*», αρχίζει ο πελάτης μου και ξεκινάνε ψιλοκουβεντούλα για ένα δυο λεπτά. «*Να σου φέρω τίποτε;*» τον ρωτάει ο περιπτεράς. «*Ε, όχι μωρέ*», λέει ο Στελάρας. «*Να, κανένα χυμό, και τσιγάρα*». Ο περιπτεράς κάνει να φύγει προς το περίπτερο, όταν ο Στελάρας προσθέτει: «*Και κανένα μπισκοτάκι*». Πραγματικά ο περιπτεράς επιστρέφει σε λίγο με τσιγάρα, χυμό και μπισκότα. Τα δίνει στον πελάτη μου που τα παίρνει, τα βάζει στις τσέπες του και τον χαιρετά. Λεφτά δεν του δίνει. «*Άντε πάμε*», μου λέει. Ξεκινάμε. Ο Στελάρας δεν κρατιέται. «*Εεεε παραδέχεσαι; Τον Στυλιανό τον ξέρουν όλοι και τον προσέχουν. Καλά, δε με γνώρισες;*» «*Δεν έτυχε*», του λέω. «*Αλλά πάλι, δεν συγκρατώ και πρόσωπα εύκολα, οπότε δεν είναι παράξενο*». Πάγια τακτική με τους μεθυσμένους, να πηγαίνω με τα νερά τους. Ένας μεθυσμένος μπορεί να στραβώσει πολύ εύκολα, ακόμη και χωρίς κανένα λόγο. *«Είδες πώς με αγαπάνε εεεε; Ο Στυλιανός είναι παλικάρι»*, συνεχίζει ο δικός μου. *«Πραγματικά, το βλέπω»*, του λέω. Και δεν είναι ψέματα. Καθώς μιλάει, βάζει σε αρκετές φάσεις φιλικά το χέρι του στον ώμο μου. Έχει χέρια σαν εικοσάκιλες βαριοπούλες, με δάχτυλα χοντρά σαν λουκάνικα και άγρια από τη χειρονακτική εργασία.

Σε έρημο σημείο όπου για κακή μου τύχη οι λάμπες του δρόμου δεν ανάβουν. Όταν βλέπω ότι βγάζει και αρχίζει μετράει κέρματα, τα οποία είναι λιγότερα από δύο ευρώ συνολικά, τον προτρέπω να κατέβει χωρίς να με πληρώσει, προκειμένου να φύγω από εκεί όσο πιο γρήγορα γίνεται. Ματαίως, καθώς με είχε συμπαθήσει και έχει όρεξη για κουβέντα...

«Ντελφών»

Αργά το βράδυ στην πιάτσα Κορδελιού, πλησιάζει το ταξί ένας τύπος κοντά στα πενήντα μαζί με μια μαύρη κοπέλα. Από τους δύο επιβιβάζεται μόνο η κοπέλα, η οποία είναι ντυμένη με τα ρούχα της «δουλειάς». Ένα φορεματάκι με στρας δηλαδή, από αυτά που δίνουν έμφαση σε όσα κρύβουν αν και δεν κρύβουν πολλά. Μάλλον εργάζεται σε κάποιο από τα «ελληνάδικα, ποτάδικα, ξενυχτάδικα κλπ.... μπαρ» της περιοχής και αυτός που την έφερε, αν δεν είναι του μαγαζιού, είναι κάποιο από τα «καψούρια» της. Από την στάση του, μάλλον ισχύει το δεύτερο.

Η κοπέλα κάθεται δίπλα μου μπροστά (τα κορίτσια της νύχτας κάθονται σχεδόν πάντα μπροστά) και μου λέει:

«Ντελφών» (δηλαδή Δελφών).

«*Βέβαια*», της λέω.

«Do you speak English?» (τα αγγλικά της έχουν μάλλον αφρικανική, δυσνόητη προφορά).

«*I do*» (οι διάλογοί μας συνεχίζονται στα αγγλικά πλέον, αλλά τους παραθέτω μεταφρασμένους για πρακτικούς λόγους).

Ξεκινάμε και στα πενήντα μέτρα συναντάμε μπλόκο της αστυνομίας. Δεν μας δίνουν σημασία, αλλά η κοπελιά ψάχνεται ανήσυχη.

«*Πρέπει να βάλω ζώνη;*» ρωτάει.

«*Αν δεν θέλετε να πληρώσετε 350 ευρώ πρόστιμο*», της απαντάω.

«*Όχι, όχι*», λέει με το χαρακτηριστικό νέγρικο τρόπο. Φοράει τη ζώνη και μου λέει δείχνοντας το ταξίμετρο.

«*Αυτό άρχισε από ένα πέντε*».

Αναφέρεται στη σημαία, το σημείο εκκίνησης του ταξιμέτρου, στο 1,05 ευρώ. Από τον τρόπο που το λέει, θεωρεί ότι μπορεί και να την κλέβω και περιμένει να δει τι θα της απαντήσω.

«*Ναι, από 1,05 ξεκινάει εδώ και λίγους μήνες*», της λέω ατάραχος και κάνοντας ότι δεν κατάλαβα. «*Ξεκινούσε από το 1 ευρώ, αλλά μας έκαναν αύξηση*».

«*Βγάζετε πολλά λεφτά δηλαδή*».

«*Εκατομμύρια*».

Κάποια στιγμή ακούγεται η εκφωνήτρια να κάνει κλήση κάπου στη Δελφών. Η κοπελιά ανακάθεται.

«*Ντελφών είπε αυτή;*» ρωτάει καχύποπτα.

«*Ναι*», της απαντάω.

Το σκέφτεται λίγο και στα όρια της υστερίας ξαναρωτάει:

«*Γιατί είπε Ντελφών;*»

«*Γιατί κάποιος κάλεσε ταξί από εκεί*».

Με κοιτάζει έντονα.

«*Σύμπτωση είναι*», της λέω. «*Κάποιος στην οδό Δελφών θέλει ταξί*».

Φαντάζομαι πως η καχυποψία της γενικά είναι τόση, που πιστεύει πως με κάποιο τρόπο το κέντρο ξέρει ότι πηγαίνουμε στη Δελφών και το ανακοινώνει στον αέρα! Γιατί να γίνεται κάτι τέτοιο και γιατί να ανησυχεί γι' αυτό, δεν καταλαβαίνω. Η στάση της όμως, αρχίζει και μου τη δίνει.

«*Πού περίπου πηγαίνουμε στη Δελφών;*» τη ρωτάω.

«*Εσύ πήγαινε στη Ντελφών και θα σου πω όταν φτάσουμε. Γιατί ρωτάς;*»

Άντε πάλι.

«*Ρωτάω γιατί πρέπει να ξέρω. Αν γίνει κάποια κλήση στη Δελφών, πρέπει να πω στο κέντρο πού βρίσκομαι και πού αποβιβάζω*».

Για μια ακόμη φορά μένει να με κοιτάζει προσπαθώντας να καταλάβει αν λέω αλήθεια. Αυτή η κοπέλα πρέπει να έχει ακούσει πολύ ψέμα, ή/και να λέει ψέματα με κάθε ευκαιρία.

«*Θα μου πείτε πού περίπου πάμε;*» Επιμένω.

«*Αρχή Ντελφών*», απαντάει επιτέλους.

Με τα πολλά φτάνουμε στη Δελφών. Σταματάω εκεί που μου λέει.

«*Πόσο;*» ρωτάει.

Της δείχνω το ταξίμετρο.

«*8,20 ευρώ*», της λέω.

Βγάζει ένα χαρτονόμισμα των εκατό ευρώ και μου το προτείνει νευρικά. Το κοιτάζω και μετά κοιτάζω την ίδια.

«*Όλη την πόλη διασχίσαμε, γιατί δεν μου είπατε ότι έχετε κατοστάρικο να το χαλάσουμε; Αν τώρα δεν έχω ρέστα τι θα κάνουμε;*»

Μαζεύει λίγο το αγέρωχο ύφος της.

«*Δεν έχω άλλα λεφτά, μόνο αυτό*», απαντάει απολογητικά.

Ευτυχώς, εκείνη τη μέρα έχω μαζί και το ταμείο του ταξί, οπότε έχω αρκετά για να της δώσω ρέστα. Παίρνω το κατοστάρικο στα χέρια μου και το κοιτάζω. Η «ασημοτυπία» είναι χτυπημένη, σαν να τσαλακώθηκε έντονα και δεν φαίνεται καλά. Κακό σημάδι αυτό. Ξύνω το σημείο που κανονικά είναι ανάγλυφο. Δεν είναι. Σηκώνω το χαρτονόμισμα και το κοιτάζω στο φως. Η ταινία ασφαλείας φαίνεται αχνή, και δεν έχει τα μικροσκοπικά γράμματα που αναγράφουν την αξία του χαρτονομίσματος. Το υδατογράφημα δεν υπάρχει.

«*Είναι πλαστό*», της λέω και της το δίνω πίσω.

«*Τι;*»

«*Είναι πλαστό*».

Το παίρνει μαγκωμένη. Δεν είμαι σίγουρος αν το ξέρει και πήγε να μου το πασάρει ή της το έδωσαν και δεν το έλεγξε. Το τσαλακώνει, το ισιώνει και το ξανακοιτάει.

«*Καλό είναι*», μου λέει.

Τα νεύρα μου. Βγάζω ένα εικοσάρικο και τα συγκρίνω δείχνοντας της να το καταλάβει.

«Κοίταξε», της λέω, «το ασημένιο εδώ είναι ψεύτικο. Το ανάγλυφο δεν υπάρχει. Η ταινία ασφαλείας δεν γράφει 100 ευρώ. Το υδατογράφημα δεν υπάρχει. Βλέπεις στο εικοσάρικο που όλα αυτά είναι εντάξει; Αυτό το κατοστάρικο ΕΙΝΑΙ ΠΛΑΣΤΟ. Αν δεν έχεις λεφτά, θα σε πάω εκεί από όπου σε πήρα, ή ακόμη καλύτερα, στην αστυνομία να το παραδώσεις».

Ταράζεται.

«Κάτσε να δω, έχω εδώ κάτι λεφτά», λέει και αρχίζει να ψάχνει στην τσάντα της. Καταφέρνει τελικά να ψαρέψει 7 ευρώ και μου τα δίνει κοιτάζοντάς με παρακλητικά.

«Μόνο αυτά βρήκα».

Παρά τα όσα προηγήθηκαν, τη λυπάμαι. Επίσης, καμία όρεξη δεν έχω να τρέχω στις αστυνομίες. Για δουλειά βγήκα, όχι για δίωξη πλαστογραφημένων τραπεζογραμματίων.

«Εντάξει, θα κρατήσω 7, μην τρέχουμε τώρα», της λέω, «αλλά αυτό το κατοστάρικο μην προσπαθήσετε να το δώσετε αλλού. Όλοι ελέγχουν τόσο μεγάλα χαρτονομίσματα και θα σας φέρουν σίγουρα την αστυνομία. Αν ξέρετε ποιος σας το έδωσε, να του το πάτε πίσω».

«Το αφεντικό μου το έδωσε», απαντάει αυτή και το βλέμμα της θολώνει. Αυτή τη φορά μάλλον σκέφτεται ότι το αφεντικό της προσπάθησε να την ξεγελάσει.

Κατεβαίνει και απομακρύνεται με γρήγορα βήματα. Ίσως φοβάται μην αλλάξω γνώμη.

Γιάννης Ψωμιάδης

«Μπαρντάρι»

Για μια ακόμη φορά να τονίσω ότι **ΔΕΝ** είμαι ρατσιστής. Παρατηρώ τα φαινόμενα, και βλέπω παρόμοιες συμπεριφορές από άτομα κοινωνικών ομάδων. Αναπόφευκτα. Για πρώτη πρωινή διαδρομή, παίρνω μια κλήση από το παλιό τέρμα της Μενεμένης. Οι πελάτισσες είναι δύο κοπέλες. Κάθονται η μία μπροστά και η άλλη πίσω. Αυτή που κάθεται μπροστά, φοράει μίνι, και προσπαθεί να το κρατήσει χαμηλά καθώς κάθεται. Τι να κρατήσει δηλαδή, είκοσι εκατοστά μήκος έχει, πόσο να το τραβήξει; Ίσα-ίσα που με την κίνησή της, τραβάει την προσοχή μου σ' αυτό.

Εννέα στις δέκα φορές, όταν φιλενάδες κάθονται μπρος-πίσω, με αυτή που κάθεται μπροστά να είναι η προκλητικότερα ντυμένη, πρόκειται για αλλοδαπές κάποιας βαλκανικής ή ανατολικοευρωπαϊκής χώρας. Γιατί συμβαίνει αυτό δεν ξέρω. Ίσως έτσι πιστεύουν ότι αποθαρρύνουν τον ταξιτζή από το να σταματήσει για δεύτερη μίσθωση, βάζοντας παράλληλα το μίνι της μπροστινής να κάνει και δημόσιες σχέσεις μαζί του. Από την άλλη και μόνες τους όταν μπαίνουν, όσο προκλητικότερα είναι ντυμένες, τόσο πιθανότερο είναι να διαλέξουν τη θέση του συνοδηγού. Μπορεί να θέλουν να ψαρέψουν κομπλιμέντα. Μπορεί και τίποτε περισσότερο καμιά φορά.

«*Μπαρντάρι*» (Βαρδάρη), μου λέει με βαριά προφορά αυτή με το μίνι, επιβεβαιώνοντας τις υποψίες μου για την καταγωγή τους. Στη συνέχεια της διαδρομής συνεχίζει να μιλάει δυνατά και έντονα σε κάποια άγνωστη γλώσσα με την φίλη της στο πίσω κάθισμα ξεκουφαίνοντας με. Αφού ήταν να το συζητήσετε, γιατί δεν καθίσατε δίπλα-δίπλα;

«*Τι νούμερο είναι το σταθμό;*» με ρωτάει ξαφνικά.

«*Εννοείτε την διεύθυνση; Μοναστηρίου πόσο;*» ρωτάω εγώ.

«*Ναι*».

«*Δεν ξέρω. Είκοσι οκτώ, τριάντα; Θα σας γελάσω*».

«*Θέλουμε να πάμε Κατερίνη μετά γι' αυτό ρωτάω*», μου λέει.

Ο εγκέφαλός μου βραχυκυκλώνει για λίγο.

«*Θέλετε τη διεύθυνση του σταθμού για να δώσετε ραντεβού εκεί να πάτε Κατερίνη;*» ρωτάω τελικά.

«*Όχι, το τρένο να πάρουμε για Κατερίνη*».

113

«*Το τηλέφωνο του σταθμού θέλετε, όχι το νούμερο του δρόμου!*» καταλαβαίνω επιτέλους.

«*Εεεε ναι*».

«*Για να δω λίγο. Πρέπει να το έχω*». Ψάχνω στο κινητό μου...

«*Μπορείς να πάρεις εσύ να ρωτήσεις τι ώρα έχει για Κατερίνη;*» μου λέει ανυπόμονα. «*Έντεκα θέλουμε*». (ΚΑΙ παραγγελία η ώρα του τρένου!).

«*Καθίστε να το βρω πρώτα*» (φυσικά δεν περιμένω να πληρώσει το τηλεφώνημα, αλλά και η ίδια δεν κάνει τέτοια νύξη. Τέλος πάντων).

Τελικά δεν έχω το τηλέφωνο. Θυμάμαι ότι το εξαψήφιο νούμερο του σταθμού της Θεσσαλονίκης, έχει αντικατασταθεί από πανελλαδικό τετραψήφιο ή πενταψήφιο. Ποιο είναι όμως, δεν θυμάμαι.

Στο μεταξύ πλησιάζουμε στο Βαρδάρη. Είμαστε στο ύψος του εργοταξίου του μετρό, απέναντι από το ξενοδοχείο «Καψής», όταν ξαφνικά αυτή που κάθεται πίσω λέει μέσα απ' τα δόντια της:

«*Εντώ-εντώ*».

«*Εδώ είπατε;*» ρωτάω κόβοντας ταχύτητα. Δεν μου απαντάει καμιά τους. Για τα επόμενα εκατό μέτρα περίπου είναι αδύνατον να σταματήσει κανείς χωρίς να διακόψει την κυκλοφορία. Για καλή μου τύχη όμως, τρία μέτρα μπροστά είναι η είσοδος του εργοταξίου, στην οποία μπορώ να μπω και να σταματήσω για λίγο.

«*Μου είπατε να σταματήσω εδώ;*» ξαναρωτάω αλλά και πάλι δεν παίρνω απάντηση.

Πίσω μου έχω λεωφορείο, και πρέπει να πάρω μια απόφαση. Μπαίνω στην εσοχή και σταματάω.

«Εδώ είπατε, σωστά;» ρωτάω για τρίτη φορά.

«Ναι, ναι» λέει αυτή που κάθεται μπροστά. *«Πόσο κάνει;»*

«2,90 συν 1,60 η κλήση, 4,5 ευρώ»

Η πίσω βγάζει και μου δίνει κάτι κέρματα. Ταυτόχρονα στο παράθυρο έρχεται ένας εργάτης του μετρό και κάτι μου λέει. Κοιτάζω τα κέρματα. Είναι 3,40.

«4,50 ευρώ σας είπα», της λέω και ταυτόχρονα ανοίγω το παράθυρο να δω τι θέλει ο τύπος του μετρό.

«Άντε ρε φύγε, εσένα περιμένει το φορτηγό για να βγει», μου λέει με ύφος αυτός.

«Καλά ρε φίλε θα φύγω, κατεβαίνουν οι κοπέλες», του απαντάω εκνευρισμένος, καθώς έχω πετύχει πολλές φορές εργαζόμενους του μετρό να φέρονται λες και οι δρόμοι τους ανήκουν, βγαίνοντας και κλείνοντας το δρόμο με καρότσια γεμάτα μπάζα, φορτηγά, ακόμη και με τα πόδια απλώς περνώντας το δρόμο, αδιαφορώντας για τους πάντες και τα πάντα γύρω τους. Η κάσκα και το φωσφορούχο γιλεκάκι μάλλον επηρεάζουν τον τρόπο σκέψης.

Στο μεταξύ η κοπέλα πίσω έχει πάρει πίσω τα κέρματα, και μου προτείνει ένα χαρτονόμισμα. Γυρίζω και κοιτάζω. Είναι πενηντάρικο.

«Δώστε τα κέρματα και κατεβείτε», της λέω. Ξέρω βέβαια ότι το πιθανότερο είναι να το κάνει επίτηδες προ-

κειμένου να μην πληρώσει τη διαδρομή κανονικά. Το κόλπο «μεγάλο χαρτονόμισμα-ανεπαρκή ψιλά-στο λέω τελευταία στιγμή», είναι κλασικό.

Κάνουν να κατέβουν, αλλά η ιστορία δεν τελειώνει εδώ. Η μπροστά με το μίνι, γυρίζει καθώς ανοίγει την πόρτα, και μου λέει:

«Μήπως έχεις κάρτα δική σου; Να σε πάρουμε τηλέφωνο;»

Μόνο αυτό μου έλειπε.

«Όχι, μόνο κάρτες του ραδιοταξί έχω», της απαντάω.

«Κατεβείτε γρήγορα σας παρακαλώ, ενοχλούμε».

Κατεβαίνουν και φεύγω. Ευτυχώς, δε θεωρώ ότι ο πρώτος πελάτης καθορίζει την εξέλιξη της ημέρας, αλλιώς θα πήγαινα να το κλείσω. Έχω εκνευριστεί όμως τόσο, ώστε στο επόμενο φανάρι να ανοίξω το wordpad και να ξεκινήσω τη συγγραφή αυτού του post.

Strangers, in a Strange Land 3

Η κλήση γίνεται από truck parking. Τα truck parking είναι βενζινάδικα με μεγάλους χώρους πάρκινγκ, όπου φορτηγατζήδες, Έλληνες και ξένοι, κάνουν στάση για καύσιμα, φαγητό και ύπνο χωρίς να ανησυχούν για την ασφάλεια των ίδιων και των φορτίων τους. Η κλήση είναι με επιστροφή. Θα πάω δηλαδή τους πελάτες κάπου και θα τους ξαναγυρίσω πίσω. Απλό;

Όχι πάντα.

Πηγαίνω και παραλαμβάνω δυο αλλοδαπούς φορτηγατζήδες. Ο υπεύθυνος του βενζινάδικου, μου εξηγεί:

«Θα τους πας σε μια τράπεζα, θα σου πούνε αυτοί έχουν ξαναπάει, για να βγάλουν λεφτά, και μετά θα τους φέρεις πίσω».

«Σε ποια τράπεζα;»

«Ξέρουν αυτοί, σιγά-σιγά πήγαινε και θα σου δείξουν».

Ξεκινάμε. Γυρνάω και τους κάνω νόημα να μου δείξουν που να πάω, αλλά μου επιστρέφουν ένα χείμαρρο λέξεις και χειρονομίες. Αγγλικά ΔΕΝ ξέρουν λέξη φυσικά. «Ότομπανκ», μου λέει ο ένας και μου δείχνει την κάρτα. «Visa;» ρωτάω. (Τι στο καλό, αυτό είναι κοινό σε όλες τις γλώσσες). «Visa!» συμφωνεί αυτός. «Ότομπανκ». Ότο (αυτόματο) + μπανκ (τράπεζα) = ΑΤΜ υποθέτω).

Τους πηγαίνω στην κοντινότερη τράπεζα και πραγματικά με το που βλέπουν το ΑΤΜ το δείχνουν και γελάνε ανακουφισμένοι. Εδώ είμαστε.

Κατεβαίνουν και παιδεύονται με το μηχάνημα. Καθώς αναρωτιέμαι πώς θα τα καταφέρουν αφού δεν ξέρουν ελληνικά ή αγγλικά, ο ένας έρχεται και με φωνάζει. Προφανώς χρειάζονται βοήθεια τελικά.

Κατεβαίνω από το ταξί και πηγαίνω στο ΑΤΜ. Κατόπιν υπόδειξής τους (το γράφουν πάνω στη σκόνη που έχει μαζέψει η οθόνη του ΑΤΜ) ζητάω από το μηχάνημα 1000 ευρώ. «Ανεπαρκές υπόλοιπο» απαντάει το μηχάνημα. Προσπαθώ ξανά για 500, 200, 100 ευρώ. Τίποτε. Αποδεικνύεται ότι καμία από τις δύο κάρτες που κουβαλάνε δεν έχει υπόλοιπο.

Χειρονομίες και πάλι. Δεν έχει λεφτά. «No money ΝΟΟΟ MO-NE-Y», προσπαθώ να εξηγήσω.

Μάλλον με καταλαβαίνουν γιατί βγάζουν τα κινητά τους και αρχίζουν να τηλεφωνούν σαν μανιακοί σε κάποιον. Αυτός ο κάποιος όμως δεν απαντάει.

Εν ΤΑΧΙ

«Νταβάριτς», μου λέει ο ένας και συνεχίζει με έναν και-
νούριο χείμαρρο λέξεων. Αν καταλαβαίνω καλά θέλουν
να δοκιμάσουμε και σε άλλη τράπεζα. Πίσω στο ταξί. Ξέρω, αλλά δεν μπορώ να τους το εξη-
γήσω, ότι αν δεν υπάρχει υπόλοιπο στις κάρτες, όσα ΑΤΜ
και να δοκιμάσουμε λεφτά δεν θα βγάλουμε.
Σταματάμε σε άλλη τράπεζα. Η ίδια ιστορία. Επιστρα-
τεύονται τα κινητά τους και αυτή τη φορά ο ένας κατα-
φέρνει να μιλήσει με κάποιον. Φωνάζει και αφρίζει, ενώ
ο άλλος τον σιγοντάρει. Ξαφνικά χτυπάει και το δικό μου
κινητό. Είναι η εκφωνήτρια του ραδιοταξί. Ο υπεύθυνος
του truck parking έχει ανησυχήσει, καθώς λείπουμε πε-
ρισσότερη ώρα από την αναμενόμενη, και έχει τηλεφω-
νήσει να μάθει τι γίναμε. Η εκφωνήτρια προφανώς με
έχει ψάξει στο CB, αλλά εγώ είμαι εκτός αυτοκινήτου.
Ευτυχώς τα κινητά μας υπάρχουν καταχωρημένα στο
ραδιοταξί.

Της εξηγώ τι συμβαίνει, κι εκείνη τα μεταφέρει στον
τύπο. Σπασμένο τηλέφωνο.

Δεν καταλήγουμε πουθενά.

«Ρώτησέ τον σε παρακαλώ», της λέω, «τι να τους κάνω
εγώ τώρα τους ανθρώπους. Λεφτά πάντως δεν πρόκει-
ται να πάρουν από αυτές τις κάρτες. Να τους πάω πίσω
να τελειώνουμε;»

Γίνεται η ερώτηση και φυσικά ο άνθρωπος της λέει να
τους επιστρέψω εκεί.

Οι φορτηγατζήδες έχουν ανάψει τσιγάρο και το συζη-
τάνε. Τους κάνω νόημα, ξαναμπαίνουμε στο ταξί και επι-

119

στρέφουμε στο truck parking. Ο υπεύθυνος πλησιάζει. Του εξηγώ την κατάσταση.

«Δεν τους έχει βάλει λεφτά το αφεντικό τους», μου λέει. *«Περιμένουν εδώ να βάλουν πετρέλαιο και να φύγουν για Ιταλία και δεν έχουν λεφτά. Και μιλάμε για χίλια ευρώ πετρέλαιο σε κάθε φορτηγό, όχι αστεία. Έχει ξαναγίνει. Θα κάτσουν τώρα να περιμένουν δυο τρεις μέρες να τους βάλει ο άλλος λεφτά στις κάρτες».*

«Ρώσοι είναι;»

«Γεωργιανοί. Όλο τέτοια τους κάνουν τους καημένους. Δεν κουβαλάνε μαζί τους πολλά λεφτά μην τους κλέψουν και όταν φτάνουν εδώ, δεν τους στέλνουν λεφτά να προχωρήσουν. Πάντως μην ανησυχείς εσύ, τα λεφτά σου δεν τα χάνεις».

Κουτσά στραβά τους λέει στα ρώσικα το ποσό, βάζοντας κι ένα ευρώ παραπάνω. Καλοσύνη του. Με πληρώνουν και φεύγω.

Έχω ξαναπάρει με το ταξί φορτηγατζήδες ανατολικών χωρών σε παρόμοιες αποστολές. Όπως έχω οδηγήσει (μπροστά εγώ με το ταξί και από πίσω τα τριαξονικά με τα ρυμουλκούμενα, φορτωμένα κοντέινερ) φορτηγά από την Τουρκία σε διάφορες αποθήκες και εταιρίες.

Κοινό γνώρισμα όλων των οδηγών: ΔΕΝ μιλάνε καμία άλλη γλώσσα εκτός από την μητρική τους, στην οποία επιμένουν να σου μιλάνε ασταμάτητα, παρ' όλο που δεν καταλαβαίνεις και το ξέρουν. Οι περισσότεροι δεν καταλαβαίνουν ούτε τις βασικές λέξεις στα αγγλικά. Back, straight, left, right, wait, go, bank, port, airport, train station, one, two, three, είναι κινέζικα γι' αυτούς. Παρ' όλα αυτά διασχίζουν την Ευρώπη από άκρη σε άκρη. Πώς τα καταφέρνουν; Μυστήριο...

Γιάννης Ψωμιάδης

Όταν δεν επιλέγεις πελάτες...

Αυτό που πολλοί συνάδελφοι δεν καταλαβαίνουν όσα χρόνια και αν δουλεύουν, είναι ότι σε αυτή τη δουλειά δεν ξέρει κανείς πού είναι η τύχη του, ούτε αν η «καλή» διαδρομή θα του βγει σε κακό ή αντιστρόφως. Η σωστή επαγγελματικά και ηθικά τακτική είναι «πηγαίνω όπου με πάνε» χωρίς επιλογές διαμαρτυρίες και γκρίνια.

Πρώτη εβδομάδα του Αυγούστου, και ο συνεργάτης μου λείπει με άδεια. Αυτό πρακτικά σημαίνει ότι δουλεύω εγώ όλη μέρα (όσες ώρες μπορώ δηλαδή). Όταν επιστρέψει, θα είναι η σειρά του να κάνει το ίδιο.

Όλη την εβδομάδα κυνηγάω μύγες. Δουλεύω από το πρωί μέχρι τις 9-10 το βράδυ και βγάζω όσα, οποιαδήποτε άλλη εποχή, θα έβγαζα σε μια βάρδια. Φτάνει η Παρασκευή, τελευταία μέρα πριν τη δική μου άδεια και η κατάσταση χειροτερεύει καθώς η πόλη αδειάζει. Λίγο πριν τις δώδεκα το βράδυ βρίσκομαι να κατεβαίνω τον κεντρικό δρόμο της Πολίχνης.

Μπροστά μου σηκώνει το χέρι ένας κοντούλης τύπος, ο οποίος παραπατάει και λίγο σαν μεθυσμένος. Τριάντα μέτρα μετά δυο κοπέλες ντυμένες για βραδινή έξοδο περιμένουν επίσης ταξί και κρίνοντας από την ώρα το πιθανότερο είναι να πηγαίνουν στα νυχτερινά μαγαζιά του αεροδρομίου. Ο «μεθυσμένος» όμως προηγείται. Σταματάω και επιβιβάζεται.

«Κορδελιό», μου λέει. *«Δες που πηγαίνει και το κορίτσια»*. Η προφορά του δείχνει ότι είναι αλλοδαπός. Μυρίζει ρετσίνα η ατμόσφαιρα.

Σταματάω και στις κοπέλες.

«Αεροδρόμιο στα Μαμούνια», μου λένε. Προφανώς δεν βολεύει.

Ο μεθυσμένος δαγκώνεται και με κοιτάζει ανήσυχος περιμένοντας γκρίνια.

«Α, ρε φίλο, τώρα θα λες, τι πήρα το Αλβανό και δεν πήρα το κορίτσια το όμορφα να πάω αεροδρόμιο να πάρω δέκα πέντε ευρώ»

«Μη στεναχωριέσαι», του απαντάω.

«Μπορεί αυτός που θα τις πάει να τα έχει περισσότερη ανάγκη από εμένα».

Με κοιτάζει παραξενεμένος. Στη διαδρομή μιλάμε περί ανέμων και υδάτων. Μεθυσμένος ο Αλβανός αλλά μια χαρά τα λέει, ωραίος τύπος.

Φτάνουμε στο Κορδελιό, αποβιβάζω και κατηφορίζω για το κέντρο, καθώς η πιάτσα του Κορδελιού έχει καμιά δεκαριά ταξί. Δεν συναντάω ψυχή. Φτάνοντας Εγνατία με Αριστοτέλους το κέντρο κάνει κλήση σε κάποιο ξενοδοχείο της Εγνατίας. Παραδόξως δεν διεκδικεί κανείς άλλος, κι έτσι κατευθύνομαι εγώ.

Κάνω αναστροφή, φτάνω στο ξενοδοχείο και αναρωτιέμαι αν ο πελάτης έφυγε με κάποιο από τα δεκάδες διερχόμενα ταξί. Δεν έχει φύγει. Ένα λεπτό μετά από το ξενοδοχείο βγαίνει μια κοπέλα κοντά στα 35. Σκύβει στο παράθυρο να μου πει.

«Καλησπέρα. Εγώ κάλεσα το ταξί. Μόνο, ξέρετε, έχουμε ένα πρόβλημα».

«Τι πρόβλημα;»

«Στο Βόλο θέλω να πάμε. (!!!)»

«Τέτοια προβλήματα μπορούμε να έχουμε κάθε μέρα;» της απαντάω και ξεκινάμε.

Έβγαλα περισσότερα από ό,τι όλη την υπόλοιπη ημέρα σ' εκείνη τη διαδρομή. Αν είχα «επιλέξει» τις κοπελίτσες, θα είχα πάρει δέκα ευρώ και τέλος. Όπως είπα και στην αρχή, πας όπου σε πάει και ο Θεός βοηθός. Ποτέ δεν ξέρεις!

Όσα θέλω πληρώνω

Για μια ακόμη φορά να ξεκινήσω εξηγώντας για να μη παρεξηγηθώ, ότι η καταγωγή το χρώμα κλπ. χαρακτηριστικά των συνανθρώπων μου δεν με απασχολούν. Δεν είμαι ρατσιστής. Καταλαβαίνω τις κοινές συμπεριφορές (λόγω κουλτούρας) και φέρομαι ανάλογα. Αλλά, όπως και άλλες συμπεριφορές, αυτό που ονομάζουμε «χωριάτικη κουτοπονηριά» και με κουράζει και με τσατίζει. Ειδικά όταν εμφανίζεται εις βάρος μου. Πρωί γύρω στις έντεκα. Δεύτερος στην πιάτσα δικαστηρίων. Καθώς στο συνάδελφο μπροστά επιβιβάζεται μια κοπέλα, ένας κύριος κοντά στα 60-65 σκύβει και τον ρωτάει αν βολεύει να συνεπιβιβασθεί. Κορνάρω, ο συνάδελφος του εξηγεί ότι πρέπει να έρθει σ' εμένα και φεύγει. Ο κύριος έρχεται και μπαίνει στο ταξί. Το σπασμένο από τον ήλιο πρόσωπό του, και η προφορά του προδίδουν ότι είναι κάτοικος κάποιου χωριού.

«Στα λεωφορεία για Σέρρες να με πας».

«Βέβαια».

«Καλά, κάθε ταξί έναν παίρνει και κορνάρεις;»

«Γενικά έτσι πρέπει, αλλά ειδικά όταν είμαστε σε πιάτσα, έτσι γίνεται οπωσδήποτε».

«Α, καλά, δεν το ήξερα».

Στο μεταξύ κινούμαστε μετ᾽ εμποδίων. Άλλος παρκάρει, άλλος δεν χωράει να περάσει, γενικά μας καθυστερεί η πρωινή κίνηση.

«Τώρα εγώ τι φταίω να πληρώνω επειδή αυτός δεν χωράει», μου λέει ο πελάτης μου.

«Ούτε εσείς φταίτε, ούτε εγώ φταίω, αλλά έτσι είναι η κατάσταση στην πόλη τι να κάνουμε», του απαντάω. *«Πού και να είχαμε ξεκινήσει από την Καλαμαριά. Χίλιες φορές θα το λέγατε αυτό».*

Με τα πολλά, βγαίνουμε στην ευθεία για τα ΚΤΕΛ. Ο πελάτης μου κοιτάζει το ταξίμετρο, το οποίο εκείνη τη στιγμή γράφει 2,50 και λέει:

«Καλά, μακριά είναι ακόμη; Πώς θα τα πληρώσω εγώ τόσα λεφτά;»

«Τα ΚΤΕΛ εκεί είναι φαίνονται», του δείχνω. *«Όσο για τη χρέωση, η ελάχιστη μίσθωση είναι 2,80. Κοντά στα τρία ευρώ θα σας βγει αυτή η διαδρομή υπολογίζω. Αν δεν είχατε ούτε τόσα, κακώς μπήκατε σε ταξί».*

«Α, 2,50 γράφει;» λέει αυτός, *«εγώ νόμιζα είκοσι πέντε. Δηλαδή 2,80 θα σου δώσω;»* (Ετσι βόλεψε να ακούσει).

«Όχι δεν είπα αυτό. Σας είπα ότι θα είναι κοντά στα τρία ευρώ. Αν έγραφε είκοσι πέντε όπως νομίσατε θα φτάναμε στο Κιλκίς που λέει ο λόγος». (Η όλη στάση του αρχίζει και μου τη δίνει).
Φτάνουμε στα ΚΤΕΛ. Το ταξίμετρο γράφει 3,20.
«Τι σου χρωστάω;» ρωτάει.
«3,20 έγραψε», του λέω.
Βγάζει από τη τσέπη του κοντά στα επτά ευρώ σε διάφορα κέρματα και ξεχωρίζει τρία. Ανάμεσα στα υπόλοιπα βλέπω και τουλάχιστον δύο εικοσάλεπτα.
«Εγώ θα σου δώσω τρία», μου λέει.
«Ναι εντάξει. Με ακούσατε όμως που σας είπα ότι είναι 3,20 έτσι;». Καμιά φορά από παρεξήγηση δίνουν λιγότερα και πιστεύουν ότι έχουν αφήσει και φιλοδώρημα! Επίσης, φυσικά, το θέμα μου δεν είναι το εικοσάλεπτο. Καθημερινά χαρίζω πολλά τέτοια εικοσάλεπτα. Η στάση του γενικότερα είναι που με έχει ενοχλήσει.
«Ε; Ναι, σε άκουσα», απαντάει.
«Δηλαδή επίτηδες μου δίνετε λιγότερα».
«Εεεεε... ναι. Αλλά ξέρεις γιατί είμαι εδώ; Ο γιος μου, σαν κι εσένα δυο μέτρα παλικάρι, είναι...»
«Συγνώμη, δε θέλω να μάθω», τον κόβω, «απλώς ήθελα να βεβαιωθώ ότι καταλάβατε πως μου δώσατε λιγότερα απ' ό,τι πρέπει».
«Το ξέρω. Καθόλου λεφτά δε θα μου έπαιρνες αν ήξερες...»
«Κοιτάξτε, δεν οδηγώ όχημα κοινωνικής πρόνοιας», του απαντάω. «Κι εσείς αν ξέρατε πόσα χρωστάω και πόσο

πιεστικά, θα μου δίνατε οκτώ. Περαστικά σας εύχομαι
ό,τι και να συμβαίνει στο γιο σας, αλλά αυτό δεν έχει
σχέση με το ταξί. Δηλαδή όταν αγοράζετε τσιγάρα, δίνε-
τε λιγότερα λεφτά απ' όσο κάνουν;»

Δεν ξέρω αν με καταλαβαίνει. Μουρμουρίζει ένα χαι-
ρετισμό και φεύγει.

Εν ΤΑΧΙ

Mercedes Benz-Βγαιν(ζ)

Παρασκευή βράδυ στην πιάτσα Αριστοτέλους με Εγνατία. Μπροστά μου περιμένει ένα ακόμη Mercedes ταξί. Κάποια στιγμή επιβιβάζονται δυο κοπελίτσες. Ο συνάδελφος όμως δεν ξεκινάει και καμιά δεκαριά δευτερόλεπτα μετά την επιβίβαση... αποβιβάζονται. Στο μεταξύ έρχεται και ένα παλικάρι, το οποίο πάει να μπει στο ταξί (το δικό μου), αλλά διστάζει βλέποντας τις κοπέλες να κατεβαίνουν.

«Έλα-έλα», του λέω.

«Τις είδα που μπήκαν και βγήκαν αμέσως και μου κάνει εντύπωση», μου απαντάει.

«Μάλλον δεν του άρεσε ο προορισμός τους», του απαντάω. «Ποιος ξέρει τι τους είπε και τις κατέβασε».

«Έχει δικαίωμα να το κάνει αυτό;» ρωτάει το παλικάρι.

«Όχι αν δεν είναι μεθυσμένες ή τοξικομανείς και δεν τις βλέπω για τέτοιες τις κοπέλες», του απαντάω. «Απλώς πολλοί από τους συναδέλφους που οδηγούν Mercedes έχουν μια διαφορετική άποψη για το πώς πρέπει να κάνουν τη δουλειά τους».

Στο μεταξύ έχουμε φύγει από την πιάτσα, έχοντας μπροστά μας και το Mercedes, που αποβιβάζοντας τις κοπελίτσες, έχει φύγει από την πιάτσα χωρίς επιβάτες. Δεν είναι η πρώτη φορά που το βλέπω αυτό το «έργο» και τέτοιου τύπου «εξυπνάδες» με ενοχλούν. Στο φανάρι που μας πιάνει παρακάτω, πηγαίνω και σταματάω δίπλα του. Ο οδηγός, γυρίζει και με κοιτάζει επιφυλακτικά. Είναι ένας αδύνατος τύπος γύρω στα πενήντα - πενήντα πέντε.

«Ο κοπελίτσες που κατέβασες σημείωναν το νούμερο του ταξί καθώς έφευγες», του λέω ψέματα, για να ακούσω την ιστορία του και να δω τις αντιδράσεις του.

«Τι κάνανε;» (και καλά δεν άκουσε).

«Σημείωναν το νούμερο της πινακίδας σου», του ξαναλέω.

«Θα μου κάνουν τα τρία δύο», απαντάει. (Η καλύτερη άμυνα είναι η επίθεση).

«Καλά, εγώ απλώς σου λέω ότι όταν βγήκαν, πήραν τα νούμερα του ταξί, να το έχεις υπόψη».

«Τι νούμερα μου πήρανε, εξυπνάδες μου πουλάς;», εκνευρίζεται αυτός, κοιτάζοντας μια εμένα και μια τον επιβάτη μου (ένας ακόμη μάρτυρας ότι αρνήθηκε τη μίσθωση).

Κάνω τον ανήξερο.

«Εσύ ξέρεις. Καλά που πήγαιναν και δεν τις πήρες; Σε καμιά ερημιά;»
Ευκαιρία να δικαιολογήσει τα αδικαιολόγητα.
«Μπαίνουνε μέσα και μου λένε Λαδάδικα. Εντάξει, λέω. Και λίγο γρήγορα αν γίνεται, μου λένε. Κατεβείτε κάτω, τις λέω, που θέλετε να πάτε και γρήγορα βραδιάτικα και τις κατέβασα», εξηγεί ο συνάδελφος.

Ανασηκώνω τους ώμους, καθώς δεν έχει νόημα να πω περισσότερα.

Τα Λαδάδικα είναι κοντά και αυτός προφανώς ήθελε να πάει μακρύτερα. Το φανάρι πρασινίζει και ξεκινάμε.

Γιάννης Ψωμιάδης

Πανοραμίξ

Η κλήση γίνεται από γνωστή αίθουσα δεξιώσεων, Σάββατο βράδυ. Παραλαμβάνω τέσσερις κυρίες στην έβδομη δεκαετία της ζωής τους, με πλήρη εξοπλισμό: Μαλλί φουσκωμένο στο κομμωτήριο, διαχρονικό «καθώς πρέπει» ντύσιμο και αρκετά χρυσαφικά (κυρίως στα χέρια) για να στηρίξουν την οικονομία μιας μικρής χώρας.

«Λοιπόν νεαρέ, θα μας πας μία-μία στα σπίτια μας...»

«Βέβαια».

«Στο Πανόραμα θα πάμε. Την κυρία θα αφήσουμε πρώτη, στον κεντρικό δρόμο, στο ύψος που βρισκόταν το Lidl».

«Λίγο παγαπάνω θα πγοχωγήσουμε και εκεί θα με αφήσεις, θα σου πω», ακούγεται μια φωνή πίσω μου. Μία τουλάχιστον από τις κυρίες έχει «πγοφογά». (Δεν κοροϊδεύω σε καμία περίπτωση τις προφορές ή τη δυ-

σκολία στην εκφορά συγκεκριμένων γραμμάτων. Απλώς κάποιοι, δυσκολεύονται με το γράμμα «Ρ», με εξόφθαλμη επιτήδευση, προκειμένου να δείξουν την αρχοντική καταγωγή τους).

Η συζήτησή τους κολλάει στο Lidl και από εκεί επεκτείνεται σε όλες τις αλυσίδες οικονομικών supermarket. Όπως αποδεικνύεται, οι χρυσοποίκιλτες κυρίες γνωρίζουν πολύ καλά τις προσφορές-ευκαιρίες, ειδικά στα πολύ φτηνά τρόφιμα, που προσωπικά αποφεύγω εξορισμού ως ύποπτα. (3+1 «ανώνυμα» μακαρόνια με 49 λεπτά του ευρώ;). Εκείνες όμως τα αγοράζουν. Όπως αγοράζουν και κάνουν δώρα σετ εργαλείων σε γαμπρούς και εγγονούς. *«Οχτώ ευρώ, ολόκληρη κασετίνα με ένα σωρό εργαλεία»*, λέει χαρακτηριστικά η μία. «Αποτελεσματικά σαν δαντελωτά προφυλακτικά», σκέφτομαι, αλλά δεν το λέω.

Τέλος πάντων. Η συζήτησή τους περιφέρεται γύρω από το θέμα σε όλη τη διαδρομή, μέχρι που φτάνουμε περίπου στο σημείο που θα αποβιβαστεί η πρώτη κυρία. *«Λίγο πιο πάνω, λίγο πιο εκεί, λίγο μετά, ΕΔΩ!!!»*.

Το ΕΔΩ της μας έχει σταματήσει επάνω στον κεντρικό δρόμο του Πανοράματος, σε κακοφωτισμένο σημείο, αργά το βράδυ Σαββάτου. Ο ακίνητος στόχος κάθε μεθυσμένου. Έχω κάνει όσο πιο άκρη γίνεται, αλλά δεν έχω πολλά περιθώρια. Στο μεταξύ η κυρία που θα κατέβει, έχει βγάλει το πορτοφολάκι από το τσαντάκι της και μετράει κέρματα. Επί τέσσερα λεπτά περίπου, ακούγονται μικρά κέρματα να χτυπάνε μεταξύ τους κι εγώ έχω χλο-

Γιάννης Ψωμιάδης

μιάσει καθώς κάθε ανερχόμενος πίσω μας, δείχνει να μας αποφεύγει τελευταία στιγμή, και καμιά φίλη της δε λέει «*θα πληρώσω εγώ τα 3,5 ευρώ που σου αναλογούν και τα βρίσκουμε αύριο*». Το μαρτύριο τελειώνει κάποια στιγμή, το πορτοφολάκι μπαίνει στην τσάντα και η κυρία χαιρετά της υπόλοιπες. Και καθώς λέω «*από την εσωτερική πόρτα δεξιά βγείτε*», ακούω την πόρτα αριστερά πίσω μου να ανοίγει.

«*Κλείστε ΑΜΕΣΩΣ. Έρχεται αυτοκίνητο!*» πατάω μια φωνή.

«*Ναι, ναι, βλέπω*», μου λέει η κυρία που ξανακλείνει την πόρτα γρήγορα, τρομαγμένη από τη φωνή μου. Φυσικά, δεν έβλεπε πίσω, απλώς άνοιξε την πόρτα.

Γλιτώνουμε ανθρώπους και πόρτες και η διανομή συνεχίζεται. Σε κάθε στάση η ιστορία του μετρήματος επαναλαμβάνεται, ευτυχώς όχι με την ίδια βραδύτητα. Αν υπολογίζω σωστά, τα κόμιστρα έχουν ήδη πληρωθεί από τις τρεις κυρίες που έχουν κατέβει. Η τέταρτη, κρατώντας την «πγοφογά» (οι δύο είχαν «πγοφογά» τελικά) και τα λεφτά των υπολοίπων, με καθοδηγεί για να φτάσουμε στο δυσπρόσιτο σπίτι της.

«*Εδώ έμενε ο Αμεγικάνος Πγόξενος, το «ξέγετε» υποθέτω;*»

«*Όχι, δεν έχω ιδιαίτερες σχέσεις με τον συγκεκριμένο*», της απαντάω.

«*Έχει μετακομίσει εκεί κοντά σ' εμάς τώρα*».

Να τον χαίρονται και να τους χαίρεται.

Ο δρόμος στον οποίο έχουμε μπει είναι πολύ στενός. Κανένας από τους ιδιοκτήτες δεν έχει αφήσει ούτε μισό κοινόχρηστο μέτρο, με αποτέλεσμα να κινούμαστε σε ένα δρομάκι με τοίχους και φράχτες δεξιά και αριστερά. Αν συναντηθούμε με κάποιον, θα κολλήσουμε. Ευτυχώς φτάνουμε στο σπίτι της χωρίς να συναντήσουμε άλλο αυτοκίνητο. «*Αυτό είναι το σπίτι μου*», λέει δείχνοντας το σπίτι στο οποίο τελειώνει απότομα ο δρόμος μπροστά μας. Αδιέξοδο, χωρίς περιθώρια αναστροφής.

Καθώς αναρωτιέμαι αν όντως περιμένει πως θα κάνω όπισθεν 100 μέτρα στο σκοτάδι μέχρι την προηγούμενη στροφή όπου υπάρχει λίγος χώρος, ανοίγει την εξώπορτα της αυλής (με τηλεχειρισμό). «*Μέσα θα πάμε για να γυρίσετε*», μου λέει.

Ευτυχώς. Τα κτίρια είναι αριστερά μας μπαίνοντας. Κατά τις υποδείξεις της το προσπερνάμε, βρισκόμαστε σε μια αυλή όπου είναι παρκαρισμένα μερικά αυτοκίνητα, δεν παραλείπει να μου πει ποια είναι δικά τους και ποια της κόρης της και κάνω τις απαραίτητες μανούβρες για να αντιστρέψω. Ξαναπερνάμε δίπλα από τα σπίτια, τα οποία έχουμε πλέον αριστερά και όταν φτάνουμε στην είσοδο του πρώτου, μου ζητάει να σταματήσω. Πληρώνει ακριβώς όσο της λέω (έχω στρογγυλέψει το ποσό προς τα κάτω φωναχτά «12 και 60, 12 ευρώ δώστε μου αν δεν έχετε ψιλά»). Με την όλη μανούβρα έχουμε σταματήσει ακριβώς μπροστά στην πόρτα του σπιτιού της, οπότε κατεβαίνει, με καληνυχτίζει και μπαίνει μέσα.

Χαρούμενος που ξέμπλεξα επιτέλους (τέτοιες συναντήσεις και συζητήσεις αποδεικνύονται πολύ ψυχοφθόρες), ξεκινάω να βγω από εκεί μέσα. Συναντάω δυο αυτοκίνητα μέχρι να βγω στον κεντρικό δρόμο. Στην πρώτη περίπτωση κάνω όπισθεν πενήντα μέτρα και στριμώχνομαι σε μια είσοδο για να περάσει. Στη δεύτερη σταματάω και περιμένω, καθώς το αυτοκίνητο που συνάντησα προσπαθεί να κάνει αναστροφή. Πρόκειται για περιπολικό. Ο συνοδηγός έχει βγει έξω και δίνει οδηγίες στον οδηγό, ο οποίος μετά από 15 κινήσεις μπρος-πίσω (και πάλι καλά, άξιο το παλικάρι) καταφέρνει να αναστρέψει. Ο συνοδηγός γυρίζει και με κοιτάζει (έχω μείνει με τα φώτα σταθμεύσεως για να μην τους τυφλώνω κι έχω ανάψει το εσωτερικό φωτάκι για να με βλέπουν, το συνηθίζω σε τέτοιες περιπτώσεις για να μπορούμε να συνεννοηθούμε αν χρειαστεί). Ανασηκώνω τους ώμους, με μια έκφραση «τι να πεις;».

Ο συνοδηγός κοιτάζει δεξιά αριστερά τα σπίτια και το δρόμο και μου αντιγυρίζει ένα «τι είναι τούτοι». Τουλάχιστον έτσι το εκλαμβάνω εγώ.

Βγαίνουμε χωρίς άλλα απρόοπτα στον κεντρικό δρόμο, και πάμε ο καθένας στο δρόμο του.

Γιάννης Ψωμιάδης

Ρητορικές Ερωτήσεις1.

1. Γιατί όσοι συνάδελφοι έχουν δυνατά τα ραδιόφωνά τους ακούνε λαϊκά ή αθλητικά;

2. Γιατί οι ταξιτζήδες που λένε ιστορίες για γκόμενες και «πηδήματα» πιο πολλά και από καγκουρό, αλλά και οι πελάτισσες που διηγούνται ιστορίες για επίμονα «πεσίματα» από ταξιτζήδες (και άλλους), είναι κατά 99% άσχημοι/ες σαν τη Γεωργία Βασιλειάδου το πρωί πριν πιει καφέ;

3. Γιατί όσο πιο νέος ή άσχετος είναι ο/η οδηγός και όσο περισσότερο άδικο έχει στο δρόμο, τόσο περισσότερο θα εκνευριστεί θα κορνάρει και θα βρίσει;

4. Γιατί ο ίδιος (και κυρίως η ίδια) που θα κορνάρει και θα βρίσει από πίσω μου τέσσερα δευτερόλεπτα αφού σταματήσω να αποβιβάσω, όταν είναι επιβάτης θα κάνει τέσσερα λεπτά να κατέβει από το ταξί, καθώς θα ψάχνει

Εν ΤΑΧΙ

τελευταία στιγμή σε πορτοφόλια και τσαντάκια για να πληρώσει (καθώς μέχρι τότε μιλούσε στο κινητό) και θα βρίσει αυτόν που κορνάρει (δικαίως μετά τα τριάντα πρώτα δευτερόλεπτα) από πίσω;

5. Γιατί ο ίδιος (αλλά κυρίως η ίδια) που θα σου κλείσει το δρόμο με κακία για να μη περάσεις παλιοταρίφα (πολλές φορές με κίνδυνο να τρακάρεις), όταν είναι μέσα στο ταξί και βιάζεται και το ταξίμετρο γράφει θα εκνευριστεί και θα βρίσει όσους δεν σε αφήνουν να περάσεις;

6. Γιατί όταν έχεις ήδη έναν επιβάτη: Όσο μεγαλύτερος σε ηλικία είναι ο υποψήφιος δεύτερος πελάτης και όσο πιο επίμονα και απεγνωσμένα είναι τα νοήματα να σταματήσεις και όσο μεγαλύτερη η ταχύτητα από την οποία σε σταματάει (γιατί τον λυπήθηκες...) και όσο περισσότερα τα καταφατικά νοήματα στην κατεύθυνση που του δείχνεις, τόσο πιθανότερο είναι να πηγαίνει στην εντελώς αντίθετη κατεύθυνση;

7. Γιατί αυτοί που βιάζονται και κάνεις αγωνιστική οδήγηση να τους εξυπηρετήσεις, σου δίνουν τρία ευρώ και περιμένουν ρέστα από 2,95 που έγραψε, ενώ άλλοι θα αφήσουν απίστευτα πουρμπουάρ χωρίς ιδιαίτερο λόγο;

8. Γιατί όταν προσπαθείς να εξηγήσεις ήρεμα σε κάποιον ότι έχει άδικο, ο ευγενικός σου τρόπος εκλαμβάνεται ως αδυναμία, αν όμως βγεις, δείξεις το μπόι σου, αγριοκοιτάξεις και βάλεις τις φωνές, ξαφνικά περνάει το δικό σου ακόμη και αν είσαι εντελώς λάθος;

9. Γιατί πολλοί συνάδελφοι δεν καταλαβαίνουν ότι η έκφραση «*δεν θα μου κάνεις κουμάντο στο αυτοκίνητό*

μου» δεν στέκει όταν αφορά την επιλογή της διαδρομής, τη διπλή μίσθωση, την ένταση της μουσικής, το κάπνισμα, την καθαριότητα, τη συμπεριφορά και τη χρήση του κλιματισμού όταν λιώνουν οι πέτρες έξω; Γιατί δεν το καταλαβαίνουν και πολλοί επιβάτες οι οποίοι αφήνουν τέτοιους συναδέλφους να φέρονται ανάρμοστα και να παραμένουν ατιμώρητοι;

10. Γιατί μερικοί πελάτες (και κυρίως πελάτισσες) φέρονται σαν να είσαι ο υπάνθρωπος, ασήμαντος, σκλάβος σοφέρ τους, που τους χρωστάς την ύπαρξη της ζωής σου και θα πληρώσεις όλα τα χρέη σου με τα 3 ευρώ που θα πληρώσουν;

Δεν πειράζει...

Βρίσκομαι στην πιάτσα ΙΚΕΑ και παίρνω κλήση από την αιμοκάθαρση του Διαβαλκανικού. Κανονικά, εφ' όσον είμαστε εκτός περιμετρικής ζώνης, πρέπει να βάλω ταξίμετρο ξεκινώντας. Επειδή όμως μάλλον πηγαίνω να παραλάβω νεφροπαθή που λογικά θα αργήσει ένα δυο λεπτά να βγει και το νοσοκομείο είναι δίπλα, δε βάζω ταξίμετρο. Κοινωνική προσφορά ή καλοπροαίρετη βλακεία; Αν δεν κάνω λάθος, τις μετακινήσεις τους τις πληρώνει το ΙΚΑ. Τέλος πάντων. Περνάει ένα τρίλεπτο αναμονής και τελικά εμφανίζεται μια κυρία.

«*Τώρα τη φέρνουν*», μου λέει.

«*Εδώ είμαι περιμένω*», της απαντάω.

Τέσσερα λεπτά (και δυο βόλτες γιατί εμποδίζω) μετά επιστρέφει.

«*Τώρα τη φέρνει ο νοσοκόμος*».

Δεν προλαβαίνω να της απαντήσω γιατί για μια ακόμη φορά με κορνάρουν να μετακινηθώ. Κλείνω την έξοδο των επειγόντων εκεί που περιμένω βλέπετε. Κάνω έναν (ακόμη) κύκλο και τη βλέπω να βγαίνει έντρομη γιατί δε με είδε έξω και υπέθεσε ότι έφυγα. *«Έρχεται-έρχεται»,* μου λέει. *«Εσείς τηλεφωνήσατε, ή από το νοσοκομείο;»* Ρωτάω. *«Εγώ-εγώ».*

«Και γιατί δεν περιμένατε να τελειώσει η αιμοκάθαρση και να τηλεφωνήσετε μετά;»

«Ε, τέτοια ώρα τελειώνει κάθε μέρα. Μόνο σήμερα αργήσανε».

Κάπου εδώ σκέφτομαι να εκκινήσω το ταξίμετρο, αλλά ποιο το όφελος; Ο γάιδαρος έχει φαγωθεί (μάλλον).

Τελικά, ένα τέταρτο περίπου από την ώρα κλήσης, η κοπελίτσα-ασθενής εμφανίζεται και ξεκινάμε για το Ιπποκράτειο. Η γκρίνια της κοπελίτσας πάει σύννεφο (δεν αφορά κάτι συγκεκριμένο) και οι χαζομάρες της μάνας επίσης (είσαι κρυωμένη γι' αυτό πονάει το πόδι σου, έπρεπε να φας τα φασολάκια σου χθες, θα ήσουν καλύτερα σήμερα και άλλα άσχετα). Με τα πολλά φτάνουμε στο νοσοκομείο και τους πάω μέσα, όσο πιο κοντά γίνεται στο κτίριο που θέλουν, και το πάρτι κορυφώνεται.

«Πόσο κάνει;» ρωτάει η μάνα.

«Έχουμε κάνει 5,60 και 1,60 η κλήση, 7,20... 7 ευρώ», λέω στρογγυλεύοντας προς τα κάτω.

«Έλα πάρε, εντάξει, δεν πειράζει», μου λέει.

Εν ΤΑΧΙ

Την ατάκα αυτή την έχω ξανακούσει, από ανθρώπους που νομίζουν ότι τους υπερχρεώνεις και θέλουν να σου δείξουν ότι το κατάλαβαν αλλά δεν θα το κάνουν θέμα. «Φορτωμένος» ήδη δεν το αφήνω να περάσει έτσι. «*Τι εννοείτε δεν πειράζει;»* της λέω. «*Το ταξίμετρο γράφει 5,60 και 1,60 η κλήση, 7,20 είναι κανονικά κι εγώ σας λέω 7, λιγότερα σας ζητάω από το κανονικό».* «*Δεν πειράζει, δεν πειράζει, αφού μας εξυπηρέτησες»,* επιμένει αυτή.

Τα νεύρα μου.

«*Κοιτάξτε, επειδή ούτε αναμονή σας έχω χρεώσει, τόση ώρα που έκανα κύκλους στο νοσοκομείο, το αν πειράζει ή όχι αφήστε να το πω εγώ καλύτερα».*

«*Εντάξει, εντάξει δεν πειράζει»,* συνεχίζει το βιολί της αυτή και κατεβαίνει.

Καταλαβαίνω ότι η γυναίκα είχε το πρόβλημά της. Δεν καταλαβαίνω όμως γιατί μερικοί άνθρωποι έχουν αντικαταστήσει το «ευχαριστώ» και το «συγνώμη» με το «δεν πειράζει». Δεν είναι η πρώτη φορά και δεν το έχω ακούσει μόνο μέσα στο ταξί. (π.χ. «*Τέτοια ώρα που παίρνετε τηλέφωνο ενοχλείτε».* «*Δεν πειράζει τώρα με βόλεψε και πήρα»...).* Είναι απλώς χαρακτηριστική ιστορία. Και μετά γίνεσαι ψυχρός επαγγελματίας και μετά χάνεις κάθε ελπίδα στην καλή ανθρώπινη πλευρά και γίνεσαι γαϊδούρι. Ή απλώς εκνευρίζεσαι εκείνη την ώρα, αλλά ξανακάνεις τα ίδια την επόμενη, γιατί γίνεσαι γαϊδούρι στην υπομονή.

Όπως είπα, δεν ήταν η πρώτη φορά και, πολύ φοβάμαι, ότι δεν θα είναι και η τελευταία.

Ο Βούλγαρος Ασθενής

Πρωί καθημερινής, φτάνω και αποβιβάζω στο Νοσοκομείο Θεαγένειο. Καθώς πληρώνομαι, μια κοπέλα μου κάνει νόημα από μακριά και της γνέφω καταφατικά. Πλησιάζει και σκύβει στο παράθυρο να μου πει. «*Περάστε αποβιβάζω*», της λέω. «*Όχι όχι, δε θα μπω εγώ*», μου λέει. «*Θέλω να πάρεις τον κύριο εδώ (μου δείχνει πίσω της) και να τον πας στο Ιπποκράτειο. Πόσο θέλεις μέχρι εκεί;*» «*Δυόμισι ευρώ*», της λέω. (Η ελάχιστη μίσθωση είναι 2,65, αλλά απ' ό,τι καταλαβαίνω βλέποντας τον κύριο για τον οποίο μιλάει, μάλλον δεν είναι γνωστός της. Ο άνθρωπος είναι ρακένδυτος, έχει ένα απεριποίητο μούσι δύο μηνών και δείχνει άστεγος. Οπότε η κοπέλα μάλλον τον βάζει σε ταξί κάνοντας αγαθοεργία).

«Κοίταξε μόνο», μου λέει, *«ο άνθρωπος είναι Βούλγαρος, δε μιλάει Ελληνικά. Όταν φτάσετε εκεί, βρες κάποιον να τον αναλάβει, μην τον αφήσεις μόνο. Έχει κάψει το πόδι του».*

«Μείνετε ήσυχη», της λέω.

Μπαίνει λοιπόν ο άνθρωπός μας και μου χαμογελάει. *«Καλημέρα»,* του χαμογελάω κι εγώ.

«....» λέει κάτι στα βουλγάρικα.

Κοιτάζω το πόδι του. Πραγματικά πάνω από τα δάχτυλα και μέχρι τον αστράγαλο έχει ένα ξεφλούδισμα από έγκαυμα και το δέρμα είναι κατακόκκινο.

Στη διαδρομή λέει διάφορα πράγματα, αλλά είναι όλα στα βουλγάρικα. Του απαντάω με κάθε τρόπο ότι δεν καταλαβαίνω τι λέει, αλλά αυτός συνεχίζει. Αν καταλαβαίνω καλά, έχει κάψει το πόδι του με βραστό νερό.

Με τα πολλά φτάνουμε στο Ιπποκράτειο. Κατεβαίνω από το ταξί και πηγαίνω στον φύλακα της πύλης. Του εξηγώ την κατάσταση.

«Δεν εφημερεύει σήμερα το Ιπποκράτειο», μου λέει αυτός.

«Όχι; Και ποιο εφημερεύει;»

Κοιτάζει τα χαρτιά του.

«Το Γεννηματά».

Μάλιστα. Στο μεταξύ ο «Βούλγαρος Ασθενής» έχει κατέβει από το ταξί και έχει πλησιάσει. Του κάνω νόημα να ξαναμπεί μέσα και ξεκινάω για το Γεννηματά. Η κίνηση προς την πόλη είναι στο φόρτε της, ο άνθρωπος ανησυχεί και εγώ δεν μπορώ να του εξηγήσω που πάμε.

Εν ΤΑΧΙ

Αφού έχω δοκιμάσει ένα συνοθύλευμα λέξεων σε δι-άφορες γλώσσες και χειρονομιών κάθε τύπου, (μάταιο, ο άνθρωπος ξέρει ΜΟΝΟ βουλγάρικα), μου έρχεται η έμπνευση. Ανοίγω τη «ζωγραφική» των windows και του ζωγραφίζω ένα σχέδιο ενώ παράλληλα προσπαθώ με λέ-ξεις και χειρονομίες να του εξηγήσω ότι πηγαίνουμε σε άλλο νοσοκομείο.

Δεν ξέρω τι καταλαβαίνει, αλλά τη μια στιγμή δείχνει ήσυχος και την άλλη... ανήσυχος. Ίσως να σκέφτεται ότι θα του ζητήσω χρήματα, καθώς το ταξίμετρο μπροστά του έχει μείνει ξεχασμένο να γράφει (και λόγω κίνησης έχει φτάσει τα 4,5 ευρώ). Κάνει να βγει από το ταξί. Εγώ του κάνω νόημα να σταματήσει προσπαθώντας να του πω ότι πλησιάζουμε.

Τελικά κάπου στο Πανεπιστήμιο Μακεδονίας, καθώς είμαστε μποτιλιαρισμένοι και με μια τελευταία ματιά στο ταξίμετρο (έχει περάσει τα 5 ευρώ) μου λέει κάτι που πρέπει να είναι ευχαριστώ (καθώς συνοδεύεται από την αντίστοιχη χειρονομία) ανοίγει την πόρτα και κατε-βαίνει.

Προορισμοί μυστήριο

Απόγευμα, κατεβαίνω από την Καλαμαριά προς το κέ-
ντρο. Κάπου στην Αιγαίου επιβιβάζω μια κυρία, η οποία
μου λέει:

«*Νέα Εγνατία με Γαλέου*».

«*Νέα Εγνατία με τι;*» Ρωτάω.

«*Με Γαλέου*», μου επαναλαμβάνει κάπως εκνευρισμένα.

«*Γαλέου; Όπως λέμε ψάρι γαλέος;*»

«*Ναι, με Γαλέου*», επιβεβαιώνει. «*Δεν την ξέρεις; Είναι
μετά την Παπαναστασίου και πριν την Κατσιμίδη. Θα
σου πω εγώ*».

«*Ωραία, γιατί δεν την ξέρω*», της λέω. Βέβαια έχω μόνο
έξι χρόνια σ' αυτή τη δουλειά, αλλά τουλάχιστον θα την
είχα ακούσει...

Καθ' οδόν ψάχνω στον χάρτη του GPS. Τίποτε. Ούτε
ένας από τους τρεις έντυπους χάρτες δεν την αναφέρει.

Η περιέργειά μου (επαγγελματική διαστροφή) έχει κορυφωθεί. Και τέλος πάντων, τι όνομα είναι αυτό το Γαλέου; Αθανάσιος Γαλέος, ήρωας της επανάστασης του 21;
Καθώς πλησιάζουμε στο σημείο που έχει περιγράψει και με το ένα μάτι στο GPS ανακαλύπτω τελικά την αλήθεια!

«*Μήπως εννοείτε Αιγάλεω;*» τη ρωτάω, δείχνοντάς της τη γωνιακή οικοδομή όπου υπάρχει πινακίδα που γράφει καθαρά Αιγάλεω.

Κοιτάζει και αυτή και μου λέει:

«*Α, Αιγάλεω γράφει; Γαλέου διάβαζα τόσο καιρό*».

Μάλιστα. Το λύσαμε το μυστήριο. Επόμενοι επιβάτες, δυο κοπελιές. Κύπριες όπως αποδεικνύεται αργότερα.

Καλησπεριζόμαστε και η μία, με άνετο ύφος τύπου: «έμαθα παπαγαλία την διεύθυνση και την λέω με αέρα για να μη με κοροϊδέψει ο ταξιτζής», μου λέει:

«*Θα πάμε Εύοσμο, στη Σμύρνης, στη Νεάπολη*».

«*Εύοσμο, Σμύρνης, πού;*» ρωτάω.

«*Εύοσμο, Σμύρνης, στη Νεάπολη*», επαναλαμβάνει η κοπέλα.

Δευτερόλεπτα σκέψης και κάνω την αποκωδικοποίηση.

«*Νέα Πολιτεία εννοείτε μήπως;*»

«*Ε, το ίδιο δεν είναι;*» απορεί η κοπέλα.

«*Όσο το Ζαγόρι με τον Ζαγοράκη*».

«*Α συγνώμη, δεν ήξερα. Ρεζίλι έγινα ε;*» γελάει η κοπέλα.

«*Μπα, συμβαίνει και στις καλύτερες οικογένειες*».

Κρυπτογραφημένοι προορισμοί... Για δυνατούς λύτες!

Γιάννης Ψωμιάδης

Η συζήτηση

Η κυρία που μπαίνει στο ταξί είναι γύρω στα εξήντα και δυο φορές τόσα κιλά. Παιδεύεται λίγο να μπει και να καθίσει πίσω και μου λέει:

«Στο Μαύρο Γάτο στις Συκιές παρακαλώ κύριε».

Ο τόνος είναι ευγενικός, όπως και τα λόγια της. Η επιλογή των λέξεων και η χροιά της φωνής όμως, (ειδικά όταν απευθύνεται σε κάποιον σχεδόν στα μισά της χρόνια), ενεργοποιεί (όπως πάντα) ένα κόκκινο «ΠΡΟΒΛΗΜΑ» στο μυαλό μου. Σε πολύ μεγάλο ποσοστό (όχι πάντα) οι άνθρωποι που μιλάνε έτσι, έχουν στρεβλή ή/ και ελλιπή εικόνα του κόσμου γύρω τους, με ότι αυτό συνεπάγεται.

Πριν καλά-καλά ξεκινήσω, ρωτάει:

«Πρέπει να φορέσω κι εγώ ζώνη; Πού είναι η ζώνη κύριε;»

«Καλό θα ήταν», λέω και γυρίζω να της δείξω πού είναι η ζώνη, οπότε και συνειδητοποιώ ότι με τα κιλά που έχει και σε πλάτος κάθεται πάνω στο κλιπ της ζώνης και δε θα μπορέσει να την βάλει. *«Εεεε, δεν πειράζει κοντά πηγαίνουμε»*, της λέω. *«Αφήστε την»*.

Εκείνη όμως έχει βρει τη ζώνη μόνη της και ακούω το κλικ του κουμπώματος.

«Μπράβο, πώς...» («το κάνατε αυτό» πάω να πω, αλλά συνειδητοποιώ ότι την έχει κουμπώσει στο κλιπ του ΚΕΝΤΡΙΚΟΥ καθίσματος, αφού εξακολουθεί να κάθεται πάνω στο δικό της) *«... τα καταφέρατε μέσα στο σκοτάδι»*, διορθώνω τη φράση μου.

Χαμογελάει.

«Και να φανταστείς ότι δεν ξέρω από τέτοια», μου λέει.

Και, παίρνοντας θάρρος, προχωράει σε ερωτήσεις.

«Αυτό το αυτοκίνητο έχει αερόσακο;»

«Έχει εννέα», της λέω.

«Εννέα; Πού είναι;»

«Ένας στο τιμόνι, ένας στα πόδια του οδηγού...»

«Για εμένα πού έχει αερόσακο», με διακόπτει.

«Για τους πίσω επιβάτες ανοίγει από την πίσω κολώνα του αυτοκινήτου, βλέπετε δεξιά σας που γράφει κάτι με ασημένια γράμματα; Από εκεί ανοίγει ένας αερόσακος σαν κουρτίνα για να προστατεύσει το κεφάλι από το παράθυρο...»

«Έχω μια φίλη που είχε τρακάρει παλιά και έσπασε τη μύτη της», με διακόπτει. *«Πού λέτε να καθόταν κύριε;»*

«Όπου και να καθόταν θα μπορούσε να τη σπάσει».

«Την είχε σπάσει εντελώς, πολτοποιήθηκε, χρειάστηκε πλαστική, συνεχίζει η κυρία. Είχε πάθει και ρήξη αορτής, και έσπασε τα πόδια της. Ήταν καιρό σε αφασία και την περιμένανε, αλλά τελικά έζησε».

Το στομάχι μου αρχίζει να σφίγγεται.

«Γερή να' ναι η γυναίκα αφού τα κατάφερε μπράβο»

«Και ένας άλλος ξάδελφός μου είχε τρακάρει και πετάχτηκε από το τζάμι και του είχε καρφωθεί ένα σίδερο στο πόδι και....»

Προσπαθώ να μην ακούω την περιγραφή και να συγκεντρωθώ στο δρόμο μπροστά μου. Δεν είναι εύκολο.

Ευτυχώς, αφήνει τον άτυχο ξάδελφο και ξαναγυρνάει στην ταλαίπωρη φίλη.

«Ενενήντα πέντε χρονών είναι τώρα», μου λέει. «Πολύ γερή είναι».

«Μωρέ μπράβο στη γυναίκα, πάντα καλά να είναι».

«Δηλαδή τι καλά...», μου λέει, «δεν ακούει, δεν βλέπει. Γέρασε. Αλλά είναι πολύ καλά, στο πόδι όλη την ώρα. Μόνο που δεν μπορεί να ανέβει και να κατέβει σκάλες και πέθανε και η κόρη της και έμεινε μόνη...»

Ευτυχώς έχουμε φτάσει στο μεταξύ. Πληρώνει και κάνει να κατέβει.

«Καληνύχτα», της λέω.

«Καληνύχτα. Γρήγορα φτάσαμε. Ευτυχώς κάναμε μια ευχάριστη συζήτηση!»

Δεν μπορώ και δεν θέλω να φανταστώ πώς θα ήταν μια δυσάρεστη συζήτηση μαζί της.

Παιδική αθωότητα

Μια καλοντυμένη μαμά με τα δυο εξίσου στολισμένα-για-επίσκεψη παιδάκια, αγοράκι και κοριτσάκι, μπαίνουν στο ταξί. Τα παιδιά είναι περίπου πέντε με επτά χρονών. Κάποια στιγμή το αγοράκι ρωτάει τη μαμά του:

«Μαμά τώρα που φεύγαμε τι έκανε η θεία Μαρία με τον μπέμπη;»

«Τον θήλαζε αγόρι μου», απαντάει η μαμά.

«Τι θα πει τον θήλαζε;» Ρωτάει εύλογα ο μικρός.

«Του έδινε γάλα», προσπαθεί να αποφύγει την απάντηση η μαμά.

«Από που του έδινε γάλα; Αφού δεν κρατούσε μπιμπερό», επιμένει ο μικρός.

«Από το «μεμέ» της», αναγκάζεται να πει επιτέλους η μαμά. Από τον καθρέφτη, με την άκρη του ματιού μου,

Γιάννης Ψωμιάδης

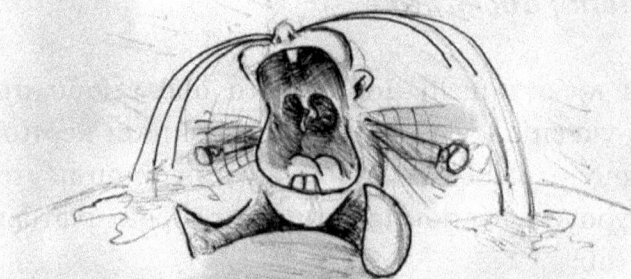

την αντιλαμβάνομαι να με κοιτάζει. Είναι φανερό ότι το όλο θέμα την φέρνει σε δύσκολη θέση. Στο μεταξύ ο πιτσιρικάς δεν έχει σκοπό να το αφήσει να περάσει. Σαν παιδάκι της ηλικίας του έχει και άλλες απορίες:

«Εμένα γιατί δεν με ταΐζεις έτσι;» Ρωτάει. Μικρή παύση. Τελικά η μάνα του λέει: *«Τώρα μεγάλωσες. Όταν ήσουν μικρό μωρό σαν τον μπέμπη σε τάιζα κι εγώ έτσι».*

«Έχεις δηλαδή κι εσύ «μεμέ» σαν τη θεία Μαρία;» *«Έχω. Ήσυχα τώρα».* Η φωνή έχει γίνει ψίθυρος. Και τότε ο μικρός το φτάνει στο αποκορύφωμα: *«Για να δω!»* Απλώνει τα χέρια και αρχίζει να τραβάει το άσπρο μεταξωτό πουκάμισο της μαμάς του, μισοανοιγοντάς το.

Η μαμά με μια πανικόβλητη σπασμωδική κίνηση του παραμερίζει τα χέρια, κλείνοντας ταυτόχρονα και το πουκάμισό της. Με κοιτάζει απ' τον καθρέφτη. Εγώ συνεχίζω να κοιτάζω τον δρόμο μπροστά μου, κρατώντας το ύφος μου όσο πιο αδιάφορο μπορώ.

«Άου, άου...» φωνάζει το αγοράκι από πίσω, καθώς έχει περισσότερο ξαφνιαστεί παρά πονέσει από την κίνηση της μαμάς του. *«Γιατί καλέ μαμά; Να δω θέλω».*

«Στο σπίτι, όχι τώρα, του ψιθυρίζει η μαμά του. Κάτσε φρόνιμα τώρα».

«Γιατίιιι;» επιμένει το παιδάκι.

«Έτσι. Δεν ξεντυνόμαστε μπροστά σε κόσμο», απαντάει η μαμά.

«*Κάτσε φρόνιμα είπα*».

Το αγοράκι μουτρώνει και κοιτάζει έξω από το παρά-θυρο. Θέλει όμως να έχει και την τελευταία λέξη.

«*Ψέματα λες*», μουρμουρίζει παραπονεμένα.

«*Αφού στη θάλασσα που έχει και πιο πολύ κόσμο, ξεντυ-νόμαστε*».

Stripped by the strippers

Είναι γύρω στις δέκα το βράδυ όταν με σταματάει ένας νεαρός με βορειοευρωπαϊκά χαρακτηριστικά. Ξανθό μαλλί, γαλάζια μάτια, μέτριο ύψος αλλά καλούτσικη διάπλαση. «*Do you speak any English?*[14] ρωτάει. «*I speak a lot of it!*»[15], του απαντάω χαμογελώντας. «*Good*»[16] (συνεχίζω μεταφράζοντας τους διάλογους στα ελληνικά). «*Μπορείς να με πας στο ΧΧΧΧΧ στριπτιζάδικο;*» «*Φυσικά*».

Παίρνουμε το δρόμο για το μαγαζί, και καθ' οδόν συζητάμε περί ανέμων και υδάτων. Είναι νωρίς για να πηγαίνει σε στριπτιζάδικο ως πελάτης, οπότε υποθέτω ότι μπορεί να έχει έρθει για δουλειά. (Ναι, έχει και άντρες

14. «Μιλάς κάποια αγγλικά;»
15. «Μιλάω μπόλικα»
16. «Ωραία»

Γιάννης Ψωμιάδης

strippers!). Φτάνοντας με ρωτάει αν μπορώ να τον περιμένω δέκα λεπτά για να τον ξαναπάω πίσω. Μπορώ. Αυτό μου ενισχύει τις υποψίες ότι πάει εκεί για δουλειά. Πιθανώς, σκέφτομαι, θέλει να κανονίσει τις τελικές λεπτομέρειες με το αφεντικό του μαγαζιού. Πραγματικά, δέκα λεπτά μετά το παλικαράκι μας εμφανίζεται. Μιλάει για λίγο και με τον πορτιέρη, ο οποίος με cool ύφος και ανοιχτές χειρονομίες κάτι του εξηγεί, και στη συνέχεια επιστρέφει στο ταξί. Ξεκινάμε. Μετά από μισό περίπου λεπτό ησυχίας ο τύπος λέει αυτό που τον απασχολεί.

«Ήρθα χθες το βράδυ σε αυτό το μαγαζί και πλήρωσα για κάτι που δεν πήρα τελικά. Μου είπαν ότι θα έχω κάποιες υπηρεσίες αλλά δεν έγινε έτσι».

«Οπότε ήρθες τώρα να ζητήσεις το λόγο και τα λεφτά σου πίσω;»

«Ακριβώς. Αλλά μου είπαν ότι μάλλον λάθος κατάλαβα γιατί αυτό που ήθελα είναι παράνομο».

«Ναι, συμφωνώ. Απ' όσο ξέρω κάποιες «υπηρεσίες» είναι όντως παράνομες και δεν παρέχονται από στριπτηζάδικα».

«Ναι, αλλά κι εγώ ουσιαστικά πλήρωσα πενήντα ευρώ κάθε ποτό που ήπια και έδωσα συνολικά τριακόσια ευρώ. Δεν είμαι κανένας πλούσιος και τα τριακόσια ευρώ είναι πολλά λεφτά για εμένα».

«Κατάλαβα. Καμιά φορά η διαφήμιση είναι παραπλανητική και μάλλον σε ξεγέλασαν εμμέσως», του λέω για να τον παρηγορήσω.

Τι άλλο να του πω; Αν ήθελε συγκεκριμένες «υπηρεσίες» μπορούσε να τις πάρει από αλλού και φτηνότερα. Αναρωτιέμαι αν και στη χώρα του θα έκανε τις ίδιες επιλογές. Μάλλον όχι. Είναι ίδιον του κάθε τουρίστα να κάνει ακριβά λάθη.

Ο ληστής...

Ο τύπος που μπαίνει στο ταξί είναι κοντά στα πενήντα, «ψημένη» φάτσα. Πηγαίνει κάπου στο Κορδελιό. Εκείνο τον καιρό έχει γίνει μια ληστεία σε κάποια τράπεζα, στην οποία οι ληστές είχαν πυροβολήσει αυτόν που προσπάθησε να τους σταματήσει, οπότε μοιραία η συζήτηση πηγαίνει εκεί.

«*Τι ήθελε κι αυτός και μπήκε στη μέση;*» μου λέει ο τύπος. «*Όταν πας για ληστεία και κρατάς όπλο, είσαι αποφασισμένος να το χρησιμοποιήσεις. Εκείνη την ώρα, το μυαλό σου είναι να ξεφύγεις. Όποιος κάνει να σε σταματήσει θα την φάει*».

«*Τι να σας πω δεν ξέρω*», του απαντάω. «*Δεν μου έτυχε να κάνω ληστεία ποτέ*».

«*Εγώ όμως ξέρω*», μου λέει αυτός.

«*Δέκα χρόνια έκανα στον Κορυδαλλό για ένοπλη ληστεία*».

«*Σοβαρά μιλάτε τώρα;*»
«*Πολύ σοβαρά μιλάω. Έχει χρόνια βέβαια. Είχε μπει στη μέση ένας να με σταματήσει και του έριξα στα πόδια. Ευτυχώς, γιατί αλλιώς θα ήμουν ακόμη μέσα*».
«Και πώς έγινε και σας πιάσανε;» τον ρωτάω.
«*Ε, πώς γίνεται συνήθως; Κάποιος από τη συμμορία δεν μπόρεσε να κρατήσει το στόμα του κλειστό. Δεν φτάνει που πήγε και αγόρασε ακριβό αυτοκίνητο, άρχισε να περηφανεύεται δεξιά και αριστερά στα φιλαράκια του πόσο καλά τα καταφέραμε. Καταλαβαίνεις... ρουφιάνους έχει πολλούς*»
Για λίγο μένω αμίλητος. Ο τύπος φαίνεται να σοβαρολογεί.
«*Και κάνατε δέκα χρόνια για ένοπλη ληστεία συν τον τραυματισμό κάποιου;*», ρωτάω τελικά.
«*Μωρέ λιγότερα θα έκανα κανονικά (!). Αλλά δεν τους έλεγα που έκρυψα τα λεφτά. Ούτε και τα βρήκανε ποτέ. Έκατσα κι εγώ δέκα χρόνια μέσα και όταν βγήκα πήγα και τα πήρα*».
Το σκέφτομαι και πάλι για λίγο και τελικά του λέω γελώντας:
«*Πάντως αν αποφασίσατε να αλλάξετε καριέρα και να ληστέψετε ταξί, μόλις βγήκα για δουλειά. Ούτε πενήντα ευρώ δεν έχω μαζί μου*».
Γελάει κι αυτός και μου απαντάει:
«*Ε όχι ρε φίλε. Εσένα θα ληστέψω; Άσε που... τι με πέρασες, για κανένα ψιλικατζή;*»
Δίκιο είχε ο άνθρωπος. Αν έχεις πιάσει καρχαρία, τι να σου κάνει το σπαράκι;

Όπισθεν...

Άκουσα οι εξετάσεις οδήγησης θα δυσκολέψουν αλλά δεν περίμενα αυτό...

Πάνε σχεδόν είκοσι χρόνια που έκανα τα υποχρεωτικά μαθήματα οδήγησης.

Επειδή είχα δυο χρόνια στους δρόμους με το πενηντάρικι παπάκι και επειδή οδηγούσα ήδη (τα καλοκαίρια στο χωριό το τρακτέρ του θείου μου και μερικές φορές το autobianchi μας στους χωματόδρομους), πίστευα ότι ήξερα να οδηγάω και δε χρειαζόμουν μαθήματα. Λάθος! Η οδήγηση δεν αφορά μόνο το τεχνικό μέρος του χειρισμού ενός αυτοκινήτου (μοχλός ταχυτήτων, πεντάλ, τιμόνι, χειρόφρενο, φλας κλπ) αλλά και (κυρίως θα έλεγα) την οδική συμπεριφορά. Αν οδηγούσαμε πάντα μόνοι μας στις ερημιές δε θα είχε καμία σημασία. Η πλειοψηφία όμως οδηγεί σε πολυσύχναστους δρόμους με πολλά οχήματα και πεζούς γύρω μας και πρέπει να δείχνουμε την ανάλογη προσοχή. Να βλέπουμε καλά μπροστά, γύρω μας, καθώς και πίσω μας. Ειδικά όταν κάνουμε όπισθεν. Η οποία όπισθεν ήταν ο λόγος που ξεκίνησα να γράφω τα παραπάνω, έκανα αυτή την τεράστια παρένθεση, και επιστρέφω...

Θυμάμαι πολύ καλά λοιπόν, και δε νομίζω ότι άλλαξε κάτι από τότε, τον δάσκαλο οδήγησης να μου λέει: *«Για να κάνεις όπισθεν, αφού βάλεις την ταχύτητα, βάζεις το δεξί χέρι πίσω από το κάθισμα του συνοδηγού για βοήθεια, και γυρνάς ΟΛΟ το σώμα ώστε να βλέπεις καλά πίσω, τόσο στα δεξιά όσο και αριστερά του αυτοκινήτου. Με το αριστερό χέρι κρατάς το τιμόνι».*

Πολύ σωστά. ΠΟΛΥ ΣΩΣΤΑ. ΔΕΝ αρκεί να κοιτάζεις τους καθρέφτες κάνοντας όπισθεν. ΔΕΝ αρκεί να κοιτάζεις τους καθρέφτες κάνοντας όπισθεν. Αν το αυτοκίνητο είναι κανονικό επιβατικό με παράθυρο στο πίσω μέρος, ΔΕΝ αρκεί να κοιτάζεις τους καθρέφτες κάνοντας όπισθεν.

Το παιδάκι που θα τρέξει ανάμεσα στα παρκαρισμένα ΔΕ θα φανεί στους καθρέφτες. Η πραγματική απόσταση από το παρκαρισμένο πίσω και το πεζοδρόμιο ΔΕ φαίνεται στους καθρέφτες. Το κρυφό τοιχάκι, κολωνάκι, πεζουλάκι, ΔΕ φαίνεται στους καθρέφτες (καμιά φορά δεν φαίνεται ούτε και κοιτάζοντας πίσω!).Το μηχανάκι που θα έρθει να προσπεράσει και θα το χτυπήσεις με τη μούρη του αυτοκινήτου που πετιέται έξω καθώς παρκάρεις, ΔΕ θα φανεί στους καθρέφτες.

Εν ΤΑΧΙ

Προσφάτως με τη μηχανή, σταμάτησα οριακά πίσω από κύριο κοντά στα εξήντα, ο οποίος έβγαινε από την πυλωτή της οικοδομής στο δρόμο κάνοντας όπισθεν γωνία ενενήντα μοιρών. Στο αγανακτισμένο μου κορνάρισμα, (καθώς σταμάτησα μεν, αλλά αυτός συνέχιζε ακάθεκτος να κάνει όπισθεν επάνω μου) απάντησε με αφέλεια:

«Ε, τι θέλεις; Δε φαίνεσαι από τους καθρέφτες. Εσύ έρχεσαι από πίσω, πρόσεχε λίγο».

Πραγματικά πιστεύω ότι έχουμε όλοι ένα κοπάδι αγγέλους πάνω από τα οχήματά μας, και πάλι δε μας προλαβαίνουν πάντα.

Δε γίνεται όπισθεν κοιτώντας τους καθρέφτες. Είναι θέμα ζωής και θανάτου πολλές φορές.

Δεν είπα Σάρτη...

Καλοκαίρι, μεσημέρι. Βρίσκομαι στα ΚΤΕΛ τρίτο ταξί στην πιάτσα.

Ένα παλικαράκι κοντά στα τριάντα πλησιάζει τον πρώτο ταξιτζή και κάτι του λέει. Αυτός τον διώχνει. Το ίδιο και ο δεύτερος. Το έργο το έχω ξαναδεί. Κάπου κοντά θα πηγαίνει, ή δεν καταλαβαίνουν τι τους λέει. Οπότε μόλις σκύβει δίπλα στο ταξί και αρχίζει να λέει (δεν τον ακούω, το παράθυρο είναι κλειστό γιατί δουλεύει ο κλιματισμός) του κάνω νόημα να μπει μέσα. Μπαίνει, κάθεται και με κάπως παράξενη προφορά μου λέει:

«Θα με πας στη Σάρτη;»

«Να σε πάω».

Η προφορά του με βάζει σε σκέψεις.

Σε περίπτωση που μας σταματήσουν για έλεγχο και αυτός είναι παράνομα στη χώρα, θεωρούμαι αυτομάτως συνεργός σε μεταφορά λαθρομεταναστών και πηγαίνω κι εγώ και το ταξί «μέσα». Οπότε του λέω: *«Χωρίς παρεξήγηση, αλλά επειδή τα ελληνικά σου τα ακούω παράξενα και επειδή θα βγούμε εκτός Θεσσαλονίκης, χαρτιά, ταυτότητα έχεις;»* *«Έχω, έχω»*, λέει και βγάζει μια φωτοτυπία ταυτότητας. Το όνομα είναι ένα δυσκολοπρόφερτα τούρκικο. Καλώ το κέντρο του ραδιοταξί, ζητάω να κόψουν την αναμετάδοση (ώστε να με ακούει μόνο η εκφωνήτρια) και της δίνω τα στοιχεία ταυτότητας, ενημερώνοντας παράλληλα ότι πηγαίνω στην Σάρτη.

Το παλικαράκι καθώς βγαίνουμε περιφερειακό μου λέει:

«Δεν πάμε Σάρτη. ΞΑΝΘΗ πάμε».

Μάλιστα... Άλλο Σάρτη Χαλκιδικής, άλλο Ξάνθη. Και το τούρκικο όνομα, με βάζει σε υποψίες και με οδηγεί στην επόμενη ερώτηση.

«Πού ακριβώς πηγαίνουμε στην Ξάνθη;»

«Λίγο πιο έξω, στο χωριό τάδε» (δεν θυμάμαι πλέον πιο ακριβώς).

«Και που είναι αυτό;»

«Λίγο έξω από την Ξάνθη».

«Ναι, αυτό το είπαμε. Προς τα πού δηλαδή; Στα Πομακοχώρια;»

«Ναι, όχι, ναι». Χαζογελάει αμήχανα.

Δηλαδή ναι.

Εκείνη την εποχή δεν ξέρω τίποτε απολύτως για τα Πομακοχώρια. Μια μακρινή ανάμνηση μόνο από ένα ρεπορτάζ, ότι έχουν δική τους διακυβέρνηση και νόμους. Γκουλπ...

«Φίλε επειδή πολλά γίνονται και πάμε μακριά, θα ενημερώσω και την αστυνομία, χωρίς παρεξήγηση».

Το δέχεται με χαμόγελο. Όλο και περισσότερο μου δίνει την εντύπωση ότι είναι κάπως «ελαφρύς» στο μυαλό καθώς δεν σταματάει να χαζογελάει και να μιλάει ακατάσχετα. Τέλος πάντων. Τηλεφωνώ στο 100 και ενημερώνω για την κατάσταση. Ο αστυνομικός πολύ γρήγορα ψάχνει και με ενημερώνει ότι για τον επιβάτη μου δεν προκύπτει ποινικό μητρώο. Επίσης με συμβουλεύει να ενημερώσω και την αστυνομία φτάνοντας στη Ξάνθη αν θέλω.

Μέχρι εδώ, καλά, αν και η ανησυχία δε σβήνει. Αντιθέτως, και ενώ έχουμε φτάσει περίπου στην Ασπροβάλτα, οι πλάγιες ερωτήσεις μου βγάζουν και άλλο «λαγό»:

«Δεν έχω λεφτά εγώ να σε πληρώσω. Θα σου τα δώσει ο θείος μου εκεί όταν φτάσουμε».

«Ο θείος σου ξέρει ότι πας με ταξί στο χωριό;»

«Όχι. Μην ανησυχείς όμως θα σε πληρώσει».

(Αυτό το λες εσύ φίλε μου. Ο θείος όμως; Αν υπάρχει βέβαια θείος...)

«Να κάνουμε ένα τηλέφωνο στο θείο σου; Μπορεί να μην είναι σπίτι όταν φτάσουμε».

«Να πάρουμε».

Μου λέει ένα νούμερο, καλώ και βγαίνει κάποιος, ο οποίος αφού με ακούει, με σπαστά ελληνικά μου εξηγεί ότι δεν είναι αυτός που ψάχνω.

«*Λάθος νούμερο μου έδωσες*».

Μου λέει και πάλι το τηλέφωνο. Αυτή τη φορά μου δίνει μάλλον το σωστό, γιατί απαντάει μια γυναίκα στα τούρκικα, αλλά καθώς προσπαθώ να της εξηγήσω ποιος είμαι και τι συμβαίνει μου το κλείνει.

«*Μια γυναίκα βγήκε και μου το έκλεισε*», του λέω. «*Είναι επειδή δεν αφήνουν τις γυναίκες τους να μιλάνε με αγνώστους. Η θεία μου θα ήταν. Δώσε να μιλήσω εγώ*», μου λέει.

Ξανακαλώ και του δίνω να μιλήσει. Αρχίζει ένα χείμαρρο τούρκικα, σε τόνους που μου φαίνονται άλλοτε παρακλητικοί και άλλοτε επεξηγηματικοί. Τελικά κλείνει το τηλέφωνο.

«*Εντάξει μίλησα με το θείο μου, εκεί είναι και θα μας περιμένει να σε πληρώσει*», μου λέει.

(Έτσι λες εσύ! Είναι εξίσου πιθανό να έχει πει: «Ομάρ, Χασάν, Αμπντούλ, έρχομαι με ένα γκιαούρη ταξιτζή κορόιδο. Ακονίστε τα γιαταγάνια, ανάψτε κάρβουνα και ειδοποιήστε ότι θα έχουμε Toyota Avensis για πούλημα»...)

Αστειεύομαι τώρα, αλλά όλα αυτά δεν ήταν καθόλου αστεία εκείνη την ώρα. Στην καλύτερη-χειρότερη περίπτωση, θα έχω κάνει ένα σωρό χιλιόμετρα, θα έχω χάσει τη μέρα και δε θα πληρωθώ. Στη χειρότερη όμως;

Κουβέντα στην κουβέντα μαθαίνω ότι το χωριό έχει αστυνομικό τμήμα. Ελληνικό αστυνομικό τμήμα. Όπως είπα, μέχρι εκείνη τη στιγμή έχω την εντύπωση ότι πηγαίνουμε σε ένα τουρκόφωνο «κράτος εν κράτει». Τηλεφωνώ στις πληροφορίες, βρίσκω το νούμερο και καλώ το αστυνομικό τμήμα. Δεν απαντάει κανείς. Τηλεφωνώ στο 100 και πάλι. Πλέον είμαστε στο κομμάτι της Καβάλας. Ο αστυνομικός μου εξηγεί ότι κατά πάσα πιθανότητα ο αστυνομικός είναι έξω σε περιπολία με το αυτοκίνητο, και γι' αυτό δεν απαντάει στο τμήμα. Μάλιστα! Εξαιρετικά! Φτάνω στην Ξάνθη και τηλεφωνώ στο 100. Εξηγώ την κατάσταση ακόμη μια φορά.

«Φοβάσαι ότι δεν θα σε πληρώσει;»

«Μεταξύ άλλων, το φοβάμαι και αυτό».

Ο αστυνόμος γελάει.

«Δεν θα έχεις πρόβλημα, καλοί είναι οι άνθρωποι εκεί αλλά αν γίνει κάτι πάρε μας τηλέφωνο», μου λέει.

(Αν προλάβω, σκέφτομαι...)

Φτάνουμε κάποια στιγμή στο χωριό. Αρκετοί μιναρέδες υψώνονται δεξιά και αριστερά. Οι περαστικοί μας κοιτάζουν περίεργα. Οι άντρες, γιατί οι ελάχιστες γυναίκες κουκουλωμένες με τα τσεμπέρια τους κοιτάζουν το έδαφος καθώς περπατάνε.

Από εδώ στρίψε, από εκεί στρίψε... Κρατάω νοερές σημειώσεις, προκειμένου, αν χρειαστεί να ειδοποιήσω το 100, να τους τα πω μαζεμένα: «Από το μπακάλικο «Η Φατιμά» αριστερά, πλάτανος δεξιά, γύρω-γύρω την πλατεία και βόρεια, άσπρο σπίτι με πράσινα παντζούρια».

«Εδώ είμαστε», μου λέει κάποια στιγμή. Βγαίνει έξω και μπαίνει σε μια αυλή. Βλέπω παιδάκια και κάποιες γυναίκες με τσεμπέρια που έχουν βγει και με κοιτάζουν. Στο μεταξύ έχω κλειστές ασφάλειες, πατημένο

συμπλέκτη και βαλμένη πρώτη, ενώ στο χέρι κρατάω το κινητό στο οποίο έχω ήδη σχηματίσει το 100 και απομένει να πατήσω «κλήση».

Μετά από λίγο ένας χαμογελαστός άνθρωπος, γύρω στα 60, βγαίνει από την αυλή, και έρχεται στο παράθυρο.

«*Έλα λίγο κατέβα να σε κεράσουμε έναν καφέ*», μου λέει.

«*Πρέπει να φύγω για πίσω, να φτάσω πριν νυχτώσει, σας ευχαριστώ*», του απαντάω.

«*Καλά πού τον βρήκες αυτόν;*» με ρωτάει, αναφερόμενος στον πελάτη ανιψιό του.

«*Στα ΚΤΕΛ, στα λεωφορεία της Θεσσαλονίκης*».

«*Βρε τον άτιμο. Δυο φορές τον βάλαμε στη Σταυρούπολη στο ψυχιατρείο, το έσκασε, πήρε ταξί και ήρθε πίσω*».

Κλασική ιστορία. Ευτυχώς ο άνθρωπος με πληρώνει κανονικά και με χαμόγελο. Του δίνω τα ρέστα (αν και ο ανιψιός επιμένει να τα κρατήσω να πιω έναν καφέ) και φεύγω όσο πιο γρήγορα και αθόρυβα μπορώ. Τα μάτια μου είναι μονίμως στους καθρέφτες. Αναρωτιέμαι πόσες τρίχες μου άσπρισαν και πόσο μπορεί να κοστολογηθεί η ψυχική οδύνη. Άλλο κακό να μη μας βρει.

Και ενώ με πιέζει η κύστη μου, δε διακινδυνεύω να σταματήσω παρά μόνο αφού έχω περάσει και την Καβάλα στο δρόμο της επιστροφής.

Υπερβολές...

171

Γιάννης Ψωμιάδης

Porsche

Το παρακάτω περιστατικό θα βοηθούσε πολύ αν το είχα βιντεοσκοπήσει, καθώς είναι βγαλμένο από αμερικάνικη κωμωδία. Οδός Τσιμισκή. Απόγευμα. Ο καιρός καλός και η κίνηση μέτρια. Μπροστά μου πηγαίνει μια Porshe με γερμανικές πινακίδες και μπροστά της ένα λεωφορείο.

Εκμεταλλευόμενος την καλοκαιρία, ο οδηγός έχει ξεσκεπάσει το αυτοκίνητο, ώστε όλοι να μπορούν να τον δουν. Μέχρι ένα σημείο βέβαια γιατί φοράει και γυαλιά «μάσκες του σκι» που κρύβουν το μισό του πρόσωπο, ενώ, λόγω ύψους, χάνεται μέσα στο αυτοκίνητο. Τη στιγμή που μας ενδιαφέρει πάντως, ο νέος κάτι σκαλίζει στο ταμπλό της Porsche.

Έτσι, όταν καταλαβαίνει ότι το λεωφορείο μπροστά του έχει σταματήσει, είναι αργά για ελιγμό. Σταματάει εντελώς, στρίβει όλο το τιμόνι αριστερά, βγάζει φλας και κάνει την κίνηση να βγει. Σταματάει αμέσως όμως (δυο εκατοστά προλαβαίνει να κινηθεί) γιατί εγώ έχω αλλάξει ήδη λωρίδα, έχω βρεθεί αριστερά πίσω του και του ανάβω τα φώτα μην τυχόν και κάνει τη χαζομάρα.

Προσπερνώ και κοιτάζω στον καθρέφτη. Ο τύπος κάνει να ξαναβγεί (άλλα δυο εκατοστά αριστερά) και ξανασταματάει καθώς αυτή τη φορά αριστερά πίσω του έρχεται και τον κορνάρει ΤΟ όχημα: παπάκι εικοσαετίας, ταλαιπωρημένο και ακαθορίστου χρώματος από τη σκουριά και την απλυσιά, με κίτρινο καφάσι από γάλατα στραβοδεμένο πάνω στη σκάρα. Ο οδηγός της μηχανής, εξηντάρης, με το αρχαίο και καταχτυπημένο κράνος-τάπερ από το άνοιγμα του οποίου προεξέχει το μισό του πρόσωπο, περνάει δίπλα από την Porsche, τον κοιτάζει άγρια μέσα από τα χοντρά γυαλιά οράσης που φοράει, φωνάζοντας και κορνάροντας με την ξέπνοη ψόφια κόρνα του εξάβολτου δικύκλου του. Είναι προφανές ότι δεκάρα δε δίνει αν είναι Porsche ή Datsun. Μετά από αυτό, ο οδηγός της Porsche δεν επιχειρεί πλέον άλλη έξοδο. Ακολουθεί το λεωφορείο για όσο μπορώ να δω από τον καθρέφτη μου, ελπίζοντας φαντάζομαι να μην τον έχει δει κανείς!

Κι αν είσαι και Porcsh-ας, με την αράδα σου θα πας.

Γιάννης Ψωμιάδης

Δωρεάν...

Βρίσκομαι στις Συκιές μεσημέρι και κατευθύνομαι προς τα καπνομάγαζα της Επταλόφου, (εκεί που μέχρι κάποια στιγμή υπήρχε βενζινάδικο-πάρκινγκ) προκειμένου να παραδώσω το ταξί στο συνεργάτη μου. Είμαι σταματημένος στο φανάρι όταν με πλησιάζουν δυο κοπέλες. Πριν προλάβουν να μου πουν οτιδήποτε τους λέω:

«Πηγαίνω στην Επτάλοφο να παραδώσω».

«Α, εμείς στη Μενεμένη πηγαίνουμε».

Για όσους δεν ξέρουν, οι δυο συνοικίες είναι γειτονικές. Δυστυχώς έχω αργήσει ήδη, οπότε δεν με παίρνει να τις πάω εκεί που πάνε και να γυρίσω. Καθώς όμως αφ' ενός στις Συκιές δύσκολα βρίσκεις ταξί, και αφ' ετέρου είναι ώρα αλλαγής βάρδιας, άρα ακόμη δυσκολότερα θα εξυπηρετηθούν, τους προτείνω:

«Ελάτε να σας πάω μέχρι την Επτάλοφο. Δωρεάν, δε θέλω χρήματα, έτσι κι αλλιώς εκεί πηγαίνω. Ταξί θα βρείτε σίγουρα από εκεί να σας πάει όπου θέλετε». Η μια κοπέλα κάνει να μπει στο ταξί. Η άλλη όμως την σταματάει κατεβάζοντας τα μούτρα. *«Όχι!»* Με κοιτάζει άγρια. *«Όπως θέλετε».* Έχω μείνει έκπληκτος. Μήπως δεν κατάλαβε τι είπα; Το φανάρι ανάβει πράσινο και ξεκινάω. Από τον καθρέφτη βλέπω την κοπέλα που πήγε να μπει, να βάζει τις φωνές στην άλλη.

Όσο και να το έχω σκεφτεί, δεν κατέληξα σε κάποια θεωρία της προκοπής. Αν κάποιος μπορεί να φανταστεί γιατί η κοπελιά απέρριψε τη δωρεάν μεταφορά, ας μου πει κι εμένα.

Γιάννης Ψωμιάδης

Λεπτομέρειες

Οι παρακάτω ιστορίες είναι απλώς ενδεικτικές. Πολλές φορές, πολλοί πελάτες, διαφόρων ηλικιών, είναι εντελώς ασαφείς, όχι πάντα επειδή δεν ξέρουν. Διαβάστε παρακάτω και θα καταλάβετε:

Κυρία μπαίνει από τα ΚΤΕΛ και μου ζητάει να την πάω Αγίου Παντελεήμονος δέκα (το νούμερο ενδεικτικό). *«Σε ποια Αγίου Παντελεήμονος; Έχει τρεις τουλάχιστον. Σε ποια περιοχή;»* Δεν ξέρει, δεν θυμάται... Μετά από αρκετές ερωτήσεις («Είναι σε μεγάλο δρόμο; Βγαίνοντας από την πόλη προς Χαλκιδική; Κοντά στη θάλασσα; Θυμάστε δυο δωδεκάροφες πολυκατοικίες κοντά; Ήταν μακριά από τα ΚΤΕΛ; Πόσο περίπου πληρώσατε στο ταξί την προηγούμενη φορά; Προς το Φοίνικα;») καταλήγουμε ότι αναφέρεται στην Αγίου Παντελεήμονος της Καλαμαριάς. Φτάνοντας εκεί ανακαλύπτουμε ότι το νούμερο δέκα είναι... τοίχος.

«Είστε σίγουρη για το νούμερο;»

Είναι.

«Σας θυμίζει τίποτε ο δρόμος;»

Δεν της θυμίζει τίποτε...

Σκέψη, προβληματισμός, και τελικά μου λέει: *«Να πάρω τηλέφωνο την κουνιάδα μου να μας πει πού ακριβώς είναι το σπίτι;»*

«Καλά, αν έχετε τηλέφωνο, γιατί δεν το λέτε από την αρχή και ψάχνουμε τόση ώρα;»

«Δεν το σκέφτηκα» (!!!;;;)

Τηλεφωνώ. Η έκπληκτη κουνιάδα μου λέει ότι βρίσκεται στους Αμπελόκηπους. Έχουμε δηλαδή διασχίσει τα τέσσερα πέμπτα της πόλης (και θα επιστρέψουμε πίσω) επειδή η κυρία «δεν το σκέφτηκε».

Σε άλλη περίπτωση, ο αλλοδαπός κύριος μπαίνει από τον σταθμό των τρένων και μου ζητάει να τον πάω στην αλβανική πρεσβεία.

«Είναι πολύ κοντά» του λέω (διακόσια μέτρα παρακάτω).

«Όχι έχει φύγει από εκεί», μου λέει.

«Να ρωτήσω στο ραδιοταξί τότε».

Ρωτάω και με ενημερώνουν ότι βρίσκεται στην οδό Τσιμισκή μαζί με τη πρεσβεία των Η.Π.Α., στο εμπορικό κέντρο.

Καθώς φτάνουμε, ο πελάτης μου λέει:

«Τσιμισκή 45, εδώ είναι;» (το νούμερο ενδεικτικό).

(Αφού ήξερες οδό και αριθμό γιατί με ταλαιπωρείς;)

Αμίμητο και σύντομο είναι αυτό με την κυρία που μπαίνει στο ταξί και μου λέει:

«Στην κυρία Κοντομανώλη θέλω να με πάτε»«Να σας πάω, αλλά πού μένει, γιατί δεν την γνωρίζω;»

«Δεν ξέρεις;» (έκπληκτη!)

«Όχι, θα έπρεπε;»

Μου δίνει τη διεύθυνση κάπως απότομα. Αργότερα μαθαίνω ότι η κυρία Κοντομανώλη είναι πελάτισσα του ραδιοταξί. Λυπάμαι, δεν κουβαλάω μαζί το αρχείο των πελατών μας.

Και καθώς τα γράφω όλα αυτά, η κυρία που μπήκε στο ταξί, μου λέει:

«Νεάπολη στην Cosmote».

«Πού βρίσκεται η Cosmote; Μπορεί να έχει και παραπάνω από μία».

«Πάμε και θα σου πω».

«Ναι, αλλά πρέπει να ξέρω περίπου πού βρίσκεται προκειμένου να ακολουθήσω τον ανάλογο δρόμο».

«Πάμε και θα σου πω».

Καθώς πλησιάζουμε στη Νεάπολη, μου λέει:

«Καλά, δεν ξέρεις πού είναι η Cosmote;»

«Δεν έτυχε, να την προσέξω. Τόσο μεγάλο μαγαζί είναι;»

«Στη Βενιζέλου, πάνω από την Εθνική Τράπεζα, δεν την έχεις δει;»

(Βενιζέλου δεν μπορούσατε να πείτε από την αρχή;)

Τέτοιες καταστάσεις συμβαίνουν πολύ συχνά. Οι πληροφορίες δίνονται μισές, παραπλανητικές και με το σταγονόμετρο! Δεν καταλαβαίνω. Είναι τόσο κουραστικό να δώσεις όλες τις πληροφορίες από την αρχή; Είναι μυστικό; Μήπως παίζουμε το παιχνίδι «Βρες πού πάω αν μπορείς;»

Αν παραγγέλνουν και φαγητό από delivery με τον ίδιο τρόπο πάντως, πρέπει να μένουν συχνά νηστικοί!

Γιάννης Ψωμιάδης

Ικανοποιητική «ξήγα»

Το περιστατικό που μου έτυχε σήμερα έχει ξανασυμβεί, ουσιαστικά απαράλλαχτο, πριν μερικούς μήνες. Από τα γενικά χαρακτηριστικά και τον προορισμό της πελάτισσας, είμαι σίγουρος ότι πρόκειται για την ίδια! Περιμένω λοιπόν στην πιάτσα των ΚΤΕΛ. Η κυρία που τελικά επιβιβάζω, πρέπει να είναι εξήντα χρονών και κάτι, με μακρύ βαμμένο ξανθό μαλλί και ρούχα που μάλλον νεανίζουν. Βάζω τις τσάντες της στο πορτμπαγκάζ, ενώ εκείνη λέει:

«*Κοντά θα πάμε αλλά τι να κάνουμε*».

«*Όπου πηγαίνετε θα σας πάω μην ανησυχείτε*».

«*Ε, όχι, δε φταις εσύ, αλλά τι να κάνουμε, κοντά πηγαίνω*», ξαναλέει αυτή.

«*Άλλες φορές κοντά, άλλες μακριά, αυτή είναι η δουλειά μας*», λέω κι εγώ.

«*Όχι, όχι*», λέει αυτή, «*δεν ήταν το τυχερό σου μ' εμένα. Μενεμένη πηγαίνω, στην Αγία Παρασκευή, αλλά μην ανησυχείς, θα σου εξηγηθώ καλά*». (την πρώτη φορά, πριν μήνες είχε πει «*θα ικανοποιηθείς*», φράση την οποία είχα συζητήσει τότε για το, ας πούμε, υπονοούμενό της, οπότε μου έμεινε στη μνήμη και το περιστατικό).

Φτάνουμε γρήγορα στον προορισμό μας.

«*Πόσο κάνει;*» ρωτάει.

«*2,65 η ελάχιστη συν 0,85 λόγω ΚΤΕΛ, 3,5 ευρώ*» της λέω (δεν χρεώνω τίποτε για τις αποσκευές).

Μου δίνει δέκα ευρώ, της δίνω τα ρέστα, τα βάζει στο πορτοφόλι της και κατεβαίνει.

«*Ευχαριστώ*» μου λέει, τα κοιτάζει και τα βάζει στο πορτοφόλι της.

Κατεβαίνω κι εγώ, κατεβάζω τα πράγματά της από το πορτμπαγκάζ, λέω «*καλό μεσημέρι*» και αποχωρώ.

Τι εννοούσε όταν είπε «θα ικανοποιηθείς» την πρώτη φορά και «θα σου εξηγηθώ καλά» την δεύτερη; Μήπως «δε θα φύγω χωρίς να πληρώσω;»

Αν το πάρουμε έτσι, τότε πράγματι, ικανοποιητικά εξηγήθηκε!

Μαρία Χ

Η κοπέλα μπήκε στο ταξί ένα απόγευμα και μιλώντας στο κινητό της, μου έδωσε ένα χαρτί με μια διεύθυνση στα Μετέωρα. Ξαφνικά έβαλε τις φωνές (στο τηλέφωνο πάντα):

«*Τι θέλεις ρε παππού. Άντε να γαμήσεις καμιά γιαγιά. Μην ξαναπάρεις*».

Το έκλεισε εκνευρισμένα.

«*Ρε τον παππού, θέλει και σεξ. Παίρνει και ξαναπαίρνει. Αφού του είπα. Δεν πάω με παππούδες*».

Χαμογελάω, καταλαβαίνω, αλλά ρωτάω για επιβεβαίωση.

«*Και πού το βρήκε το τηλέφωνό σου; Σε περιοδικό;*»

«*Σε εφημερίδα*».

«*Μάλιστα*».

Το τηλέφωνό της ξαναχτυπάει. Εντελώς χύμα η κοπέλα, απαντάει στις ερωτήσεις του «πελάτη», προσποιούμενη ότι μιλάει από κάποιο «γραφείο συνοδών». Η ώρα έχει τόσο, τα έξτρα κόλπα τόσο παραπάνω, η κοπέλα είναι 1,70, τέτοιων διαστάσεων, λεπτή, πολύ ωραία κλπ. Αργότερα θα μάθω ότι δεν πηγαίνει σε κλήσεις από κινητό. Το σταθερό τηλέφωνο εξασφαλίζει ότι αν η κοπέλα πάθει κάτι, το «γραφείο» θα βρει τον πελάτη. Ο φόβος φυλάει τα έρμα δηλαδή, καθώς όχι μόνο δεν υπάρχει γραφείο, αλλά και τα ραντεβού της τα κλείνει καθώς κινείται από πελάτη σε πελάτη και κανείς δεν ξέρει πού βρίσκεται. Πριν φτάσουμε στον προορισμό μας, έρχεται η επαγγελματική πρόταση.

«Θέλεις να δουλέψουμε μαζί;» μου λέει.

«Δηλαδή τι εννοείς;» ρωτάω.

«Θα με πηγαίνεις στους πελάτες, θα με περιμένεις και θα πηγαίνουμε στον επόμενο. Να μην ψάχνω κι εγώ ταξί όλη την ώρα. Θα σου δίνω τόσα» (θα μου δίνει όσα χρεώνει την ώρα στους πελάτες της, για έντεκα - δώδεκα ώρες δικής μου εργασίας).

Σκέφτομαι γρήγορα. Η πρότασή της, οικονομικά τουλάχιστον, δεν είναι κακή, χωρίς να είναι και εξαιρετική. Ενέχει όμως και κινδύνους. Αν βρεθώ κατηγορούμενος για συνέργεια ή και μαστροπεία; Τέλος πάντων, αφού καμία παράνομη ενέργεια δε συντελείται στο ταξί, της απαντάω:

«Ας δοκιμάσουμε σήμερα και βλέπουμε».

Γρήγορα βλέπω ότι η Μαρία (έτσι αυτοσυστήνεται) χρεώνει μεν με την ώρα, αλλά σπάνια πέφτει σε πελάτη που την εκμεταλλεύεται ολόκληρη. Ένα τέταρτο με μισή

Γιάννης Ψωμιάδης

ώρα αφού έχει βγει από το ταξί, επιστρέφει και μου δίνει τον επόμενο προορισμό. Σε τακτά διαστήματα σταματάμε για ανεφοδιασμό σε... προφυλακτικά. Προφανώς για λόγους «αντι-αστυνομικούς» παίρνει κάθε φορά μια μικρή συσκευασία. Μου λέει ότι είναι αλλοδαπή από γειτονική χώρα και κάνει αυτή τη δουλειά δυο χρόνια τώρα. Ξεκίνησε από επαρχιακή πόλη της Ελλάδας αλλά τη συνέλαβαν και αναγκάστηκε να μετακινηθεί. Μένει σε κεντρικό φτηνό ξενοδοχείο και επί τέσσερις μέρες στη σειρά φοράει τα ίδια (λευκά) ρούχα. Είναι σεμνά ντυμένη και το ντύσιμό της κολλάει σε όλους τους χώρους.

Μέχρι να τελειώσει η εβδομάδα την έχω μεταφέρει σε κάθε μήκος και πλάτος της πόλης, από το Ωραιόκαστρο μέχρι την Καλαμαριά και από το τελευταίο ξενοδοχείο μέχρι τα κεντρικότερα. Ειδικά στα κεντρικά μεγάλα ξενοδοχεία φαίνεται να έχει τους περισσότερους πελάτες.

Μερικές φορές επιστρέφει με θριαμβευτικό ύφος *«τον ξεπέταξα σε δέκα λεπτά, είδες πόσο καλή είμαι;»*, ενώ άλλες με απλανές βλέμμα και τσιγάρο στο χέρι (δεν θέλω να ξέρω τι έχει κάνει εκεί που ήταν). Ζητάει πάντα βαριά σκυλάδικα στο ραδιόφωνο. Της κάνω τη χάρη για όσο βρίσκεται μέσα στο ταξί και αλλάζω μουσική όσο την περιμένω. Αν όταν επιστρέφει, έχω ξεχάσει να ξαναβάλω σκυλάδικα, αλλάζει εκνευρισμένα σταθμό από μόνη της.

Σε δυο περιπτώσεις πηγαίνει για «διπλό» με μια φίλη της. Η φίλη μετακινείται με άλλο συνάδελφο ταξιτζή, κοντά στα 55 με τον οποίο και συζητώ τη δεύτερη φορά που βρισκόμαστε να περιμένουμε κάτω από το σπίτι του «μερακλή» πελάτη. Ωραίος τύπος. Συμφωνούμε ότι οι κοπέλες αυτές ταλαιπωρούνται άσχημα από αυτή τη δουλειά, δεν είναι να ζηλεύεις τα λεφτά που βγάζουν (συνήθως περισσότερα από έναν ολόκληρο βασικό μισθό κάθε νύχτα). Ότι καλές αυτές οι «συνεργασίες» αλλά όσο κρατήσουν κράτησαν, και καλύτερα να μην ξέρει κανένας τίποτε. Ότι καλύτερα να μην της την «πέσω» ποτέ. *«Άλλη όρεξη δεν έχει η κοπέλα με τη δουλειά που κάνει, να της την πέφτει και ο ταξιτζής»* μου λέει χαρακτηριστικά. *«Παντρεμένος είμαι, δεν ασχολούμαι»*, του απαντάω, *«αλλά και να μην ήμουν, άλλη όρεξη δε θα είχα κι εγώ με τη δουλειά που κάνει»*.

Όλα αυτά κρατάνε τέσσερις μέρες, όπως είπα. Την επόμενη εβδομάδα είμαι πρωινός και η Μαρία έχει κανονίσει με άλλο συνάδελφο για τις μετακινήσεις της. Τη μεθεπόμενη που ξαναδουλεύω απόγευμα, αρχίζουμε στραβά. Τη Δευτέρα μου τηλεφωνεί στις δύο παρά γιατί έχει πελάτη, ενώ ξέρει ότι παραλαμβάνω το ταξί στις τρεις.

Την Τρίτη μου λέει ότι δεν έχει δουλειά νωρίς και θα ξεκινήσει μετά τις έξι και μετά μου τηλεφωνεί στις τέσσερις να πάω ΤΩΡΑ να την πάρω. Την Τετάρτη πλέον ισχυρίζεται ότι δεν έχει δουλειά καθόλου, και δεν μου ξανατηλεφωνεί από τότε. Μάλλον καλύτερα, γιατί αφ' ενός τα λεφτά που μου δίνει τα νιώθω κάπως «βρώμικα», αφ' ετέρου η τριβή με μια τέτοια επαγγελματία αφήνει μια στενάχωρη αίσθηση.

Καιρό μετά το συζητάω με συνάδελφο που σχεδόν ομοίως, μου διηγείται πως είχε κλείσει κάποτε συμφωνία να πηγαινοφέρνει κοπέλες «κονσομασιόν» σε μπαρ κοντινής πόλης κάθε μέρα. «*Της την έπεσες;*» με ρωτάει. «*Καθόλου*», του απαντάω. «*Ίσως αυτό έφταιξε*», μου λέει. «*Ίσως ήθελε μια επιβεβαίωση και από σένα ότι περνάει η μπογιά της. Ίσως και να ήθελε να σε πληρώνει σε είδος μια στις τόσες*».

Δεν ξέρω... Δε νομίζω... Πιστεύω ότι ο κουρασμένος ψυχισμός της την είχε κάνει παράξενη. Ίσως απλώς να ήθελε άλλου τύπου προσωπικότητα για οδηγό. Καλά να είναι όπου και να 'ναι η Μαρία, όπως και κάθε Μαρία.

Γιάννης Ψωμιάδης

Ολυμπιακή Φλόγα

Και ξαφνικά αυτό το ωραίο απόγευμα της Πέμπτης (τι ωραίο δηλαδή, ψιλοβρέχει όποτε το θυμηθεί) επικρατεί κυκλοφοριακό χάος στη Θεσσαλονίκη. Μεγαλύτερο από το συνηθισμένο. Ο λόγος αυτή τη φορά είναι το πέρασμα της Ολυμπιακής Φλόγας από την πόλη μας. Και δε θα μας πείραζε και τόσο αυτό το μποτιλιάρισμα (με την «ιερή» και εθνικά εξυψωτική αιτία), αν δεν είχαμε ήδη τεντωμένα νεύρα από τα προηγούμενο καιρό με τις χαοτικές διασταυρώσεις με τα σβηστά φανάρια λόγω των διακοπών της ΔΕΗ.

Έχοντας ήδη περάσει δυο φορές από την Εγνατία και ξέροντας ότι η παραλιακή λεωφόρος Νίκης και η Μητροπόλεως είναι κλειστές, με ό,τι αυτό συνεπάγεται, παίρνω τα βουνά και βρίσκομαι στην αγαπημένη μου πιάτσα Αγίων Αναργύρων στα Κάστρα, ελπίζοντας οι πελάτες που θα με βρουν εκεί να μην κατευθύνονται στο κέντρο.

Ευσεβής πόθος. Μετά από λίγη ώρα αναμονής έρχεται η σειρά μου και επιβιβάζω δύο κυρίες.

«Στην Πλατεία Ελευθερίας (αρχές Μητροπόλεως) θα μας πάτε», λέει η μία.

«Θα προσπαθήσω», της απαντάω, *«γιατί έχει έρθει η Ολυμπιακή Φλόγα και τόσο η Μητροπόλεως όσο και η παραλιακή είναι κλειστές. Καταλαβαίνετε, επικρατεί χάος στο κέντρο».*

«Μα στις 6:30 ήταν να περάσει», μου αντιγυρίζει (η ώρα ήταν τώρα 8:30). *Γι' αυτό δεν κατεβήκαμε νωρίτερα.*

«Κάπου θα καθυστέρησε», της λέω (στα διόδια ίσως;). *«Πάμε προς το κέντρο και θα δούμε μέχρι πού θα φτάσουμε».*

«Είναι κλειστή η κάθοδος;» (η Ίωνος Δραγούμη) με ρωτάει.

«Δεν γνωρίζω τι συμβαίνει αυτή τη στιγμή στο συγκεκριμένο δρόμο. Πάμε και θα δούμε», ξαναλέω.

Απογοήτευση ζωγραφίζεται στο πρόσωπό της, που μπορεί και να μη φτάσουμε εκεί ακριβώς που θέλει. Μερικές φορές έχω την εντύπωση ότι ο κόσμος πιστεύει πως τα ταξί είναι όχι μόνο παντός καιρού αλλά και υπεράνω νόμων και συνθηκών. Και πραγματικά έρχεται η «υποχώρηση».

«Ε, καλά, και Ίωνος Δραγούμη με Τσιμισκή (40 μέτρα από την Πλατεία Ελευθερίας) να μας πάτε, δεν πειρά-

Γιάννης Ψωμιάδης

ζει. Ε, Άννα;» γυρίζει στην φίλη της. Εκείνη δε μιλάει και δεν μπορώ να την δω. Μιλάει όμως η σιωπή της. *(«ΟΧΙ. Να μας πάει εκεί που θέλουμε, αλλιώς γιατί πήραμε ταξί;»)*

Όταν λέω σε μερικούς πελάτες ότι μέχρι το δεύτερο όροφο μπορώ να τους ανεβάσω με το ταξί (μέχρι τον τέταρτο αν είχα την μηχανή) έχω την εντύπωση ότι με πιστεύουν σε πρώτη φάση. Ευσεβείς πόθοι.

Για την ιστορία πάντως, φτάσαμε Ίωνος Δραγούμη με Τσιμισκή όπου εκείνες κατέβηκαν αφού είδαν με τα μάτια τους τον τροχονόμο που μας εμπόδισε να πάμε παρακάτω κι εγώ έμεινα να παλεύω με τα κύματα των αυτοκινήτων, μαζί με τους υπόλοιπους τρελαμένους συμπολίτες που ξαφνικά μπορούσαν να πάνε ανατολικά μόνο μέσω της ήδη πολύπαθης Εγνατίας. Από ό,τι έμαθα αργότερα, κάποιος «επίσημος» δήλωσε ότι οι Θεσσαλονικείς ευχαριστήθηκαν πολύ με την διαδικασία άφιξης της Φλόγας. Είμαι σίγουρος πως δε ρώτησαν τους οδηγούς...

Γιάννης Ψωμιάδης

Ξέρεις από ψάρι;

Πατέρας και γιος μπαίνουν κάπου στην Δελφών και μου ζητάνε να κατευθυνθούμε στο κέντρο.
«Πού ακριβώς;»
«Για φαγητό πάμε. Πήγαινε και θα δούμε. Μάλλον στην Αριστοτέλους θα μας αφήσεις».
Είναι απογευματάκι και έχει αρκετή κίνηση, οπότε έχουν χρόνο να πούνε τα δικά τους. Αποδεικνύεται ότι ο υιός είναι φοιτητής εδώ, ενώ ο πατέρας μάλλον Αθηναίος επιχειρηματίας. Και ενώ ήδη έχει αρχίσει να μου τη δίνει η πορεία της συζήτησης (ο πατέρας τον ρωτάει αν βρήκε τον ένα και τον άλλο καθηγητή που είναι γνωστός και αν κάνει παρέα με τον τάδε συμφοιτητή που είναι γόνος του Χ πολιτικάντη), το θέμα ξαναγυρίζει στο φαγητό, καθώς πλησιάζουμε πλέον στο κέντρο. Οπότε ο υιός κάνει στον πατέρα, την ερώτηση που με αποτελειώνει:

«*Σολομό τρως;*»

«*Ξέρεις πού έχει καλό σολομό;*» Θαυμάζει ο πατέρας.

«*Βεβαίως*», καμαρώνει ο γιος.

«*Πάμε εκεί τότε*».

«*Στο λιμάνι θα μας πας τελικά, στο εστιατόριο ΧΧΧΧΧ*», γυρνάει σ' εμένα ο γιος με ύφος.

Δάγκωνα ένα πρόχειρο σάντουιτς μπρικ/αστακό εκείνη την στιγμή και δεν του απάντησα αναλόγως!

Γιάννης Ψωμιάδης

Πέντε δάχτυλα...άγνοια (; !)

Κινούμαι στη Μοναστηρίου προς τα δυτικά.

Μπροστά μου έχω ένα Nissan δεκαπενταετίας με μια κοπέλα γύρω στα τριάντα στο τιμόνι. Έχει ξεχάσει τα αλάρμ της ανοιχτά. Σημειώνω ότι έχει συνεπιβάτη και μάλιστα άντρα. Άσχετο τώρα αλλά θα χρειαστεί αργότερα στην ιστορία.

Βλέποντας ότι δεν τα σβήνει, κάποια στιγμή της ανάβω τα φώτα, με κοιτάζει απ' τον καθρέφτη και της κάνω με το χέρι νόημα για τα αλάρμ. Εκείνη μου κάνει νόημα *«τι θέλεις»* και ξανακοιτάει μπροστά της.

Σαν να μην έφταναν τα ξεχασμένα αλάρμ, αρχίζει να αλλάζει και λωρίδες. Αν βγάζει φλας, προφανώς δε φαίνεται. Αυτό, μαζί με το γεγονός ότι δεν κοιτάζει καθρέφτες, (δεν έχει δεξί εξωτερικό έτσι κι αλλιώς) την κάνει επικίνδυνη.

Της ανάβω τα φώτα πάλι. Αυτή τη φορά όταν με κοιτάζει από τον καθρέφτη της κάνω νόημα και με τα δύο χέρια. Πολύ καλύτερα αυτή τη φορά, γιατί εκνευρισμένα σηκώνει το χέρι και με μουντζώνει. Τα νεύρα μου. Αυτή νομίζει ότι της κολλάω.

Επιταχύνω, ελίσσομαι, βρίσκομαι δίπλα της και στο φανάρι που μας πιάνει ανοίγω το παράθυρο και της λέω:

«*Έχετε-Αναμένα-Αλάρμ*».

Με κοιτάζει με ύφος πίσω από τα τεράστια ray-ban γυαλιά της (δεκαπενταετίας σαν το αυτοκίνητό της, στυλ Τομ Κρουζ, Top Gun) και με μια μεγάλη επιδεικτική κίνηση πατάει τον διακόπτη και τα σβήνει. Ο τύπος δίπλα της δεν λέει τίποτε.

«*Παρακαλώ*», της λέω.

Με ξανακοιτάει σαν μυγάκι που κόλλησε στο παρμπρίζ της.

«*Τι είπες;*» ρωτάει.

«*Λέω παρακαλώ στο ευχαριστώ που μου είπατε, για το σινιάλο που σας έκανα για τα αλάρμ*», της απαντάω.

«*Αυτό σημαίνει αλάρμ;*» ρωτάει κάνοντας με το χέρι το νόημα που της έκανα τόση ώρα.

«*Αυτό* (κάνω νόημα) *σημαίνει αλάρμ, αυτό* (κάνω άλλο νόημα) *σημαίνει φώτα, και ΑΥΤΟ που κάνατε* (μουντζώνω πίσω μου) *σημαίνει ότι δεν έχετε καθόλου τρόπους*».

Το φανάρι ανάβει πράσινο και ξεκινάω. Την κοιτάζω από τον αριστερό καθρέφτη και προλαβαίνω να δω το στόμα της να σχηματίζει τη φράση «Άντε μωρέ το μαλάκα».

Κάπου εδώ, εγώ παραιτούμαι...

Υπεράριθμη ανοησία

Ιούλιος, Σάββατο μεσημέρι, πηγαίνω σε κλήση στις Συκιές. Εκεί βρίσκω να με περιμένουν τέσσερις ενήλικες με τρία μωρά στην αγκαλιά. «*Θα πρέπει να καλέσετε και δεύτερο ταξί*», τους λέω. «*Είστε πολλοί*».

Εδώ αρχίζουν τα κλασικά:

«*Μα γιατί; Δεν είναι ενήλικες, μετράνε για επιβάτες; Θα τα πάρουμε στην αγκαλιά, θα τα κρύψουμε, θα χάσουμε το λεωφορείο, σας παρακαλώ κλπ. κλπ.*»

Τους εξηγώ ότι εκτός από εντελώς παράνομο (το ταξί όπως και το επιβατικό αυτοκίνητο μπορεί να πάρει τέσσερις επιβάτες συν τον οδηγό ΑΝΕΞΑΡΤΗΤΑ από την ηλικία των επιβατών) είναι και άκρως επικίνδυνο! Τα παρακάλια συνεχίζονται και τελικά υποκύπτω. Ενημερώνω το ραδιοταξί (ώστε αν μας σταματήσουν και με γράψουν να έχω τουλάχιστον μια ελπίδα να πληρώσουν οι επιβάτες το πρόστιμο, όπως με διαβεβαιώνουν) και ξεκινάμε για τα ΚΤΕΛ Χαλκιδικής. Όπως είπα και στην αρχή, είναι Σάββατο μεσημέρι και η έξοδος της πόλης είναι γεμάτη αυτοκίνητα, αλλά και τροχονόμους οι οποίοι προσπαθούν να βάλουν μια τάξη στη μαζική έξοδο. Ευτυχώς οι αλλαγές λωρίδων μου «βγαίνουν», τα παιδάκια μένουν χαμηλά, και δεν μας σταματάει κανείς.

Καθώς πλησιάζουμε στα ΚΤΕΛ, ο πελάτης που κάθεται δίπλα μου ρωτάει:

«Πόσο βγαίνει να πάει κανείς με ταξί στην Καλικράτεια;»

Κάνω έναν πρόχειρο υπολογισμό (χιλιομετρική απόσταση επί κόστος διπλής ταρίφας ανά χιλιόμετρο) και του λέω ένα ποσό κατά προσέγγιση, θεωρώντας ότι ρωτάει από περιέργεια. Λάθος:

«Θα μας πας μία μέχρι την Καλικράτεια;»

Παίρνω βαθιά αναπνοή και μετράω όσα νούμερα θυμάμαι μέχρι το 10!

«Καλά ΤΙ σας λέω τόση ώρα; Αν, χτύπα ξύλο μακριά από μας, ο Θεός να φυλάει εμπλακούμε σε ατύχημα, ξέρετε τι θα γίνει εκεί πίσω που κάθεστε έξι άνθρωποι, οι τρεις μωρά; Τα παιδιά σας δεν τα λυπάστε; Για σκότωμα τα έχετε; Και βάζω εντελώς δεύτερο το τι θα μου κάνει η τροχαία, που κανονικά θα πρέπει να με μαστιγώσουν και να με κρεμάσουν για παραδειγματισμό. Είπαμε να σας κάνω μια εξυπηρέτηση και πάω τόση ώρα με την ψυχή στο στόμα μην τυχόν και συμβεί το παραμικρό,

μη φρενάρω απότομα και χτυπήσετε, κι εσείς μου λέτε να βγούμε στον δρόμο Χαλκιδικής με τους χιλιάδες τρελαμένους;»

Δεν ξαναμίλησε κανείς μέχρι που φτάσαμε στα ΚΤΕΛ και αποβιβάστηκαν.

Γιάννης Ψωμιάδης

Με «προφορά»

Είναι βράδυ καθημερινής, χειμώνας. Στο ταξί μπαίνουν τέσσερα παιδιά, μάλλον φοιτητές.

«*Λαδάδικα*», μου λένε. Για λίγο, οι δύο από τους τέσσερις έχουν μια συζήτηση για κάποιο μάθημα (μέσα έπεσα, φοιτητές είναι), στην οποία συμπληρώνει κάτι ο τρίτος. Κάποια στιγμή αυτός που κάθεται ακριβώς πίσω μου και μέχρι εκείνη τη στιγμή δεν έχει μιλήσει καθόλου, λέει στα αγγλικά (αλλά με λάθος σύνταξη και κάπως ρωσική προφορά όπως στις Αμερικάνικες κωμωδίες όταν το παίζουν Ρώσοι κατάσκοποι):

«*Tell me, we are going to a club?*»[17]

Ο δίπλα του, του απαντάει σε επίσης σκοτωμένα αγγλικά:

---

17. «Πες μου, πηγαίνουμε σε club;»

«No, it is like big cafe we are going, but with music.
Εεεεεε... strong music».[18]

Θεωρώντας ότι κάνουν πλάκα μεταξύ τους και θέλοντας
να συμμετάσχω κι εγώ, γυρνάω τις λέξεις όσο πιο ρωσικο-
κατασκοπικά μπορώ να προσποιηθώ και λέω κι εγώ:
«Why are we talking English with a Russian accent?»[19]
Πέφτει σιωπή για μερικά δευτερόλεπτα (ενώ περιμέ-
νω γέλια) και τελικά αυτός που κάθεται δίπλα μου, λέει
δείχνοντας το παλικάρι που κάθεται πίσω μου:
«Το παιδί δεν είναι από εδώ. Είναι από το εξωτερικό!»
Ουπς! Μερικές φορές καλύτερα να μασάς ...

---

18. «Όχι είναι ένα μεγάλο καφέ αλλά με μουσική. Δυνατή μουσική.
19. «Γιατί μιλάμε αγγλικά με ρώσικη προφορά;»

Γιάννης Ψωμιάδης

Πολλαπλασιασμός

Στην παρακάτω ιστορία, σε καμία περίπτωση δεν υπαινίσσομαι ότι οι κάτοικοι του Δενδροπόταμου εμπλέκονται στο σύνολό τους σε παράνομες ή ανήθικες πράξεις. Αντιθέτως έχω μεταφέρει εκεί πολύ συμπαθείς ανθρώπους κάθε ηλικίας και φύλου. Είναι κλασικά οι λίγοι που βγάζουν το όνομα στους υπόλοιπους. Και μετά, κοντά στα ξερά καίγονται και τα χλωρά.

Παραλαμβάνω την κοπέλα που έχει κάνει κλήση από την αστυνομία του Δενδροποτάμου. Για την ακρίβεια, ενώ στις κλήσεις ζητάνε ταξί στο αστυνομικό τμήμα, δεν έχουν τηλεφωνήσει ποτέ από εκεί. Αναφέρουν όμως την αστυνομία σαν στίγμα, προκειμένου να μας πείσουν να ανταποκριθούμε στην κλήση. Και αυτό γιατί στην περιοχή έχουμε πάθει διάφορα. Από πιτσιρίκια που ορμάνε στο ταξί, ανοίγουν τις πόρτες και βουτάνε

ό,τι μπορούν ή απλώς πετάνε πέτρες, μέχρι ... αφήστε καλύτερα ...

Παραλαμβάνω λοιπόν την κοπελιά, (κοντά στα είκοσι πέντε η ηλικία της), όχι μπροστά από την αστυνομία αλλά καμιά τριανταριά μέτρα παραπέρα. Με βλέπει που σταματάω στο τμήμα και μου κάνει νόημα ότι αυτή κάλεσε ταξί. Μπαίνει και κάθεται δίπλα μου.

«*Καλησπέρα. Πού θα πάμε;*»

«*Στο Βενιζέλο*».

«*Εννοείς στο άγαλμα στην Εγνατία με Αριστοτέλους ή στην οδό Βενιζέλου;*»

«*Εκεί στην Αριστοτέλους*».

Ξεκινάμε λοιπόν για το κέντρο. Κάποια στιγμή βάζει το χέρι κάτω από την φαρδιά πλεχτή μπλούζα που φοράει και βγάζει λεφτά (από το σουτιέν της λογικά) τα οποία αρχίζει να μετράει. Βλέπω την κίνηση με την άκρη του ματιού μου αλλά τα μάτια μου είναι στο δρόμο και όχι στα λεφτά της ή στην ίδια. Κάποια στιγμή σταματάει ή τελειώνει το μέτρημα και κοιτάζει μπροστά σαν να σκέφτεται, με τα λεφτά στο χέρι. Ξαναμετράει.

Δεύτερος γύρος σκέψης.

Τελικά γυρνάει, με κοιτάζει και ρωτάει:

«*Πενήντα εικοσάρικα πόσα λεφτά είναι;*»

Είμαστε σταματημένοι σε φανάρι, οπότε γυρίζω και την κοιτάζω καθώς απαντάω:

«*Χίλια ευρώ*».

Και μόνο τότε τα μάτια μου πέφτουν στο πακέτο με τα λεφτά που μετράει τόση ώρα και συνειδητοποιώ ότι δεν είναι μια ακαδημαϊκή ερώτηση. Κρατάει χίλια ευρώ σε εικοσάρικα!

Ικανοποιημένη από την απάντηση βάζει τα λεφτά πίσω στη θέση τους κάτω από την μπλούζα, βάζοντας το χέρι από την πάνω πλευρά (του ντεκολτέ) αυτή τη φορά.

Όταν τελικά φτάνουμε, με πληρώνει με άλλα λεφτά που βγάζει από ένα πορτοφολάκι.

Μήπως τελικά, αυτό είναι που λένε «πλούσιο στήθος;»

Γιάννης Ψωμιάδης

Ξενέρωτος

Οι τέσσερις κυρίες (γύρω στα πενήντα η ηλικία τους) μπαίνουν από το Βαρδάρη και κατευθύνονται Αμπελόκηπους. Ασχημούλες, και με βλέμμα «κουτοπόνηρης κακίας». Ξεκινούν αμέσως να μιλάνε σε κάποια ξένη γλώσσα, μάλλον ανατολικού μπλοκ. Και πάνω που αρχίζω και σκέφτομαι ότι παρά τη μικρή απόσταση θα ακούσω πολύ μπλα-μπλα, γιατί ήδη χαζογελάνε μεταξύ τους και με κοιτάζουν (νιώθω τα βλέμματά τους στον κεντρικό καθρέφτη), σταματάνε απότομα καθώς εκείνη που έχει καθίσει μπροστά δίπλα μου, η χειρότερη ίσως απ' όλες γυρίζει και μου λέει:

«Βάλαμε στοίχημα με τις φίλες μου αν μπορώ να φιλήσω τον ταξιτζή», (χα χα χα οι φίλες...).

«Έπρεπε να βρείτε έναν ελεύθερο ταξιτζή για να βάλετε αυτό το στοίχημα. Εγώ είμαι παντρεμένος»,

είναι η σχετικά ήπια απάντησή μου, γιατί αυτοί οι εφηβο-παλιμπαιδισμοί με ενοχλούν ανεξαρτήτως φύλου. Ειδικά όταν προέρχονται από μεσήλικες και βάλε.

«Ε, τι σημασία έχει; Άλλο αυτό. Κι εγώ παντρεμένη είμαι».

«Κοιτάξτε, δεν ξέρω πώς το έχετε στα μέρη σας, αλλά εδώ όταν σου λέει κάποιος δε θέλω πάρε-δώσε είμαι παντρεμένος, τον αφήνεις στην ησυχία του».

«Ε, δεν είπαμε και τίποτε. Ένα φιλάκι για το στοίχημα να μου δώσεις μόνο!» (Επιμένει!)

«Το στοίχημά σας, ή θα το χάσετε, ή να σας αφήσω να πάρετε άλλο ΤΑΞΙ με πιο φιλελεύθερο οδηγό», της λέω και κόβω κάπως ταχύτητα.

«Όχι, όχι δεν πειράζει, πάμε τώρα», μουτρώνει αυτή και λέει κάτι στις φίλες της. Δεν καταλαβαίνω τη γλώσσα, αλλά από τον τόνο της φαντάζομαι κάτι του τύπου: *«Σε ξενέρωτο πέσαμε».*

Καλύτερα ξενέρωτος παρά με τα νερά σου.

Γιάννης Ψωμιάδης

Σαν απόσπασμα από Tarantino(!;)

Στην παρακάτω ιστορία, όπως και στις περισσότερες, έχω αλλάξει ονόματα και τοποθεσίες προκειμένου να μην εκθέσω τους εμπλεκόμενους. Επίσης, προφανώς, λείπουν διάφοροι διάλογοι, καθώς η ιστορία κράτησε γύρω στις πέντε ώρες! Υπάρχουν νομίζω πάντως, όλα τα ουσιαστικά σημεία...

Είναι τέλη Ιουλίου και ο συνεργάτης μου λείπει με άδεια (δηλαδή δουλεύω εγώ από το πρωί μέχρι... όσο αντέξω... κάθε μέρα επί μια εβδομάδα). Τελευταία μέρα που δουλεύω πριν τη δική μου άδεια, τα νεύρα, η κούραση και οι εντάσεις, είναι στο απόγειό τους. Έχει προηγηθεί και ολόκληρη η χρονιά άλλωστε! Αλλά, δε βαριέσαι, μερικές ώρες μένουν. Τι μπορεί να συμβεί; Χα!

Παραλαμβάνω ένα παλικαράκι κοντά στα 30 που έκανε κλήση από τα Διαβατά. Όλα καλά. Καλησπερίζει (είναι γύρω στις πέντε το απόγευμα) και αρχίζει μια λογοδιάρροια ότι είναι πελάτης του ραδιοταξί, ότι πηγαίνει καράτε στα Διαβατά αλλά το σπίτι του είναι στη Μενεμένη, ότι αν πάει κανείς να με χτυπήσει έτσι (το κλασικό Victory σχήμα δείκτη και μέσου στα μάτια) εγώ να αμυνθώ έτσι (το κλασικό ακουμπάω την κόψη του πάνω μέρους της ίσιας παλάμης στη μύτη και προστατεύω τα μάτια από το χτύπημα σταματώντας το V του Victory), ότι ο δάσκαλός του καράτε τους βάζει και χτυπάνε σακιά με χαλίκια και γι' αυτό τα χέρια και τα πόδια του είναι χτυπημένα... Πραγματικά μου δείχνει τις γροθιές και το πάνω μέρος των ποδιών του που έχουν πληγές από χτυπήματα. Οπότε καταλήγει στο εξής:

«*Να βρούμε ένα φαρμακείο πριν με πας σπίτι, να πάρω μια ειδική αλοιφή που βάζω πάνω στα χτυπήματα;*»

«*Βεβαίως*». (Πέρα από την κάπως αφελή πολυλογία, τίποτε δεν έδειχνε ανησυχητικό. Ο τύπος την περισσότερη ώρα είχε πλήρη συνοχή και άργησα να καταλάβω τι συνέβαινε. Βέβαια πλέον είμαι γενικότερα πιο υποψιασμένος).

Ζητάω ανοιχτό φαρμακείο από το κέντρο του ραδιοταξί (λόγω καλοκαιριού τα περισσότερα είναι κλειστά το απόγευμα) και κατευθυνόμαστε τελικά προς Κορδελιό. Ο τύπος μπαίνει στο φαρμακείο και ξαναβγαίνει μετά από λίγο με άδεια χέρια.

«*Δεν έχουν την αλοιφή μου. Πάμε αλλού*».

Καινούρια ενημέρωση από το κέντρο. Φτάνουμε σε ένα φαρμακείο στη Σταυρούπολη. Μπαίνει, βγαίνει άπραγος.

«Ξέρω πού θα πάμε», μου λέει. «Είναι ένα φαρμακείο στη Νεάπολη που την έχει σίγουρα. Δεν έχω βέβαια πολλά λεφτά μαζί μου, αλλά θα πάρω από το σπίτι όταν γυρίσουμε και θα σε πληρώσω». (Άντε καλά, σκέφτομαι).

Το φαρμακείο της Νεάπολης είναι κλειστό. Μπαίνουμε στην Αγίου Δημητρίου, όπου κάποια στιγμή μου ζητάει στυλό και κάτι γράφει σε ένα χαρτί. Δεν βλέπω ούτε τι, ούτε το χαρτί. Τα μάτια μου είναι στο δρόμο. Καινούριο φαρμακείο, καινούρια αποτυχία.

«Ρε φίλε μήπως να σε πάω σπίτι σου να τελειώνουμε και ψάχνεις αύριο το πρωί με το καλό;»

«Όχι, σε παρακαλώ, πονάω. Πρέπει να βρω την αλοιφή».

«Καλά τι αλοιφή είναι αυτή και δεν την έχουν;»

«Φυτική, εισαγόμενη. Δεν την έχουν όλοι».

Επόμενο ανοιχτό φαρμακείο στη Β. Όλγας, όπου η ιστορία επαναλαμβάνεται. Επιστρέφει με την φοβερή έμπνευση:

«Επειδή δουλεύω στην ιχθυόσκαλα της Μηχανιώνας, ξέρω ότι στην Περαία έχει ανοιχτό φαρμακείο που έχει την αλοιφή μου. Εκεί να πάμε».

«Λίγο μακριά δεν είναι;» (Μέχρι τώρα είμαστε εντός πόλης, και το πολύ-πολύ να μη πληρωθώ πλήρως, αλλά τώρα αρχίζουμε και απομακρυνόμαστε πολύ...)

«Σε παρακαλώ πάμε. Πονάω, τι θα κάνω μέχρι αύριο;»

Δυστυχώς εκείνη την ώρα δεν μπορώ να μείνω αδιάφορος στον ανθρώπινο πόνο, αν και η όλη φάση έχει αρχίσει να βρωμάει. Ξεκινάμε. Αυτός βγάζει τα χαρτιά που κρατούσε πριν και τα παίζει νευρικά στα χέρια του. Συνεχίζει να μιλάει περί ανέμων και υδάτων ασταμάτητα. Έχουμε φτάσει στην περιοχή αεροδρομίου και πηγαίνουμε με περίπου εκατό χιλιόμετρα την ώρα. Κάποια στιγμή, που κοιτάζει έξω από το παράθυρο, Ρίχνω κλεφτές ματιές στα χαρτιά που κρατάει.

Και τα δυο χαρτιά είναι του ΙΚΑ.

Το πρώτο είναι μια συνταγή όπου εμφανώς έχει προσθέσει μόνος του νωρίτερα (γι' αυτό ζήτησε το στυλό), κάτω από τα δυο ήδη γραμμένα φάρμακα, ένα ακόμη. Η προσθήκη φωνάζει από χιλιόμετρα καθώς είναι γραμμένο με κεφαλαία, άτσαλα γράμματα και το χρώμα του στυλό διαφέρει. Προφανώς γι' αυτό και δεν δέχονται να του το δώσουν οι φαρμακοποιοί. Γι' αυτό και γιατί είναι αυστηρά συνταγογραφημένο φάρμακο προφανώς.

Το δεύτερο χαρτί όμως είναι που κάνει την καρδιά μου να βουλιάξει. Είναι διάγνωση από γιατρό του ΙΚΑ και γράφει με μεγάλα γράμματα, ΔΙΑΓΝΩΣΗ: Ψυχωτικός.

Από το μυαλό μου περνάνε διάφορα, με βασικό το ότι πιθανότατα έχω να κάνω με επικίνδυνο άνθρωπο. Μπορεί από στιγμή σε στιγμή να μου δώσει ένα «χτύπημα καράτε», ή να ανοίξει την πόρτα και να πηδήξει έξω, ή να τραβήξει το χειρόφρενο και να καρφωθούμε πουθενά. Διαλέγω αυτή τη στιγμή για να παίξω με τη φωτιά.

«Τόση ώρα πηγαίνουμε και δεν μου είπες πώς σε λένε», του λέω.

«Μιχάλη Παπαδόπουλο», απαντάει αμέσως.

«*Έτσι ε; Οι συνταγές που έχεις δεν είναι δικές σου όμως ε;*»
«*Δικές μου είναι*».
«*Τότε γιατί γράφουν Δαμιανός Φωτιάδης;*»
Το βλέμμα του σκοτεινιάζει.
«Είναι που η μάνα μου ξαναπαντρεύτηκε και άλλαξα όνομα. Τι μου το θυμίζεις τώρα...»
«*Άντε επίθετο να άλλαξες. Άλλαξες και μικρό όνομα;*»
«*Ναι. Άσε μωρέ μη το συζητάς και στεναχωριέμαι*».
Κατάλαβα. Μπλέξαμε. Το σοφότερο θα ήταν να τον αφήσω και να φύγω την επόμενη φορά που θα κατέβει από το αυτοκίνητο. Αλλά με πιάνει κι εμένα το πείσμα. Έχω φάει αρκετές «πατάτες» και δεν θα τον αφήσω να φύγει έτσι. Έχουμε μία ώρα στο δρόμο, έχουμε διασχίσει την πόλη από άκρη σε άκρη και έχουμε βγει εκτός πλέον. Στέλνω στα κρυφά (τυφλό σύστημα) μήνυμα στη γυναίκα μου με το ονοματεπώνυμο που είδα και δυο λόγια για την κατάσταση που βρίσκομαι, για παν ενδεχόμενο.

Φτάνουμε στην Περαία και μπαίνει στο φαρμακείο. Βρίσκω την ευκαιρία και τηλεφωνώ στο ραδιοταξί. Η εκφωνήτρια μου λέει ότι δεν είναι πελάτης και ότι πήρε με απόκρυψη, μάλλον από καρτοτηλέφωνο. Της εξηγώ τι έχει συμβεί (εξάλλου έχει παραξενευτεί και η ίδια γιατί επί μία ώρα ζητάω φαρμακεία από τα δυτικά όλο και ανατολικότερα). Συμφωνούμε να με καλεί κάθε λίγο στο CB, να ρωτάει που βρίσκομαι κλπ, και αν χρειαστεί να στείλει βοήθεια.

Ο τύπος επιστρέφει.

«Μπα δεν το έχουν. Αλλά μου είπαν να βρω έναν παθολόγο μέσα στο χωριό να με βοηθήσει».

Η ιστορία του μπάζει άσχημα πλέον, αλλά δε δείχνει να το καταλαβαίνει. Τον πηγαίνω στο γιατρό και βλέποντας το τηλέφωνο ιατρείου στην πινακίδα απ' έξω, του τηλεφωνώ, του εξηγώ τι συμβαίνει, και του ζητάω να βοηθήσει την κατάσταση. Δείχνει να με καταλαβαίνει. Λίγη ώρα μετά ο Μιχάλης-Δαμιανός επιστρέφει με μια κάρτα.

«Θα πάμε σε αυτόν τον γιατρό. Εκεί θα μου το γράψει το φάρμακό μου». (Η αλοιφή έχει πλέον γίνει φάρμακο...) Πάμε και στον άλλο γιατρό που είναι πνευμονολόγος.

Όλη αυτή την ώρα η εκφωνήτρια με καλεί συχνά ρωτώντας που βρίσκομαι και τελικά με παίρνει και τηλέφωνο.

«Μίλησα με τον αρχιεπόπτη του καναλιού», μου λέει. «Άφησε τον πελάτη και φύγε».

Τώρα μου την έχει δώσει. Όσο είμαστε σε κατοικημένη περιοχή και δεν κινδυνεύω, δεν τον αφήνω να πάει πουθενά.

Ο τύπος επιστρέφει από τον πνευμονολόγο. Είναι προφανές ότι τον έχουν κάνει μπαλάκι και τον ξεφορτώνονται με κάθε τρόπο καθώς κανείς δεν του γράφει το «συνταγογραφημένο» φάρμακο που θέλει.

«Πρέπει να βρούμε έναν οδοντίατρο», μου λέει.

«Νομίζω ξέρω πού έχει οδοντίατρο» του λέω. Διασχίζω την Περαία, φτάνω στους Νέους Επιβάτες και σταματάω έξω από το αστυνομικό τμήμα.

«Ας ρωτήσουμε εδώ. Θα ξέρουνε», του λέω.

«Καλά στην αστυνομία με έφερες; Εγώ σε εμπιστεύτηκα». Στραβώνει άσχημα και το πρόσωπό του παραμορφώνεται.

Ξεσπάω, εκ του ασφαλούς πλέον, τι διάολο, έξω από τμήμα είμαστε.

«Με εμπιστεύτηκες ε; Μου είπες ψέματα για το όνομά σου, με έχεις φέρει από τα Διαβατά στην Περαία, δεν έχεις λεφτά, πλαστογράφησες τη συνταγή και ψάχνεις κι εγώ δεν ξέρω τι. Τι περιμένεις να κάνω; Έχεις να φοβηθείς τίποτε από την αστυνομία;»

«Όχι».

«Πάμε τότε».

Μπαίνουμε στο τμήμα. Εξηγώ στον αξιωματικό υπηρεσίας την κατάσταση. Του ζητάει τα στοιχεία του. Εδώ του δίνει κατευθείαν τα «κανονικά» του. Ο αστυνόμος παίρνει τα στοιχεία και τα στέλνει με φαξ στα κεντρικά προφανώς. Μας ζητάει να περιμένουμε έξω, στον προθάλαμο. Ο χώρος είναι μεγάλος κι εγώ φροντίζω να κρατάω αποστάσεις.

Ο Μιχάλης-Δαμιανός με κοιτάζει με μίσος και εκτοξεύει απειλές. Στον ίδιο χώρο βρίσκεται και ένας ειδικός φρουρός, ο οποίος του λέει:

«Έλα τι λόγια είναι αυτά; Μη με αναγκάσεις να σε συλλάβω. Φρόνιμα».

Δεν μπορεί να συγκρατήσει τη νευρικότητά του πλέον. Στριφογυρίζει σαν αγρίμι σε παγίδα. Στο μεταξύ ο αξιωματικός υπηρεσίας με φωνάζει μέσα. Μπαίνω στο γραφείο του και πίσω μου μπαίνει ο Μιχάλης-Δαμιανός.

«*Τον κύριο θέλω μόνο*», τον διώχνει ο αστυνόμος. Φεύγει και ξαναγυρίζει αμέσως. «*Ρε φύγε σου είπα*», του αγριεύει ο αξιωματικός. Με τα πολλά φεύγει. «*Καλά ρε φίλε, πού πήγες και έμπλεξες*», μου λέει ο αστυνόμος. «*Αυτός είναι ψυχοπαθής*». Του εξηγώ τι έγινε, με περισσότερες λεπτομέρειες. «*Εντάξει, πάρε τον από εδώ και πήγαινέ τον σπίτι του. Δεν έχει φάκελο, αλλά δεν είναι και καλά*». «*Κοιτάξτε, εγώ τον έφερα εδώ γιατί δεν νιώθω καμία ασφάλεια να τον έχω μέσα στο ταξί. Και σίγουρα δεν πρόκειται να τον ξαναβάλω μέσα. Έτσι όπως την ψώνισε μαζί μου που τον έφερα εδώ, ποιος ξέρει τι μπορεί να γίνει στο δρόμο. Αφού δεν είναι καλά. Το είπατε και μόνος σας*». «*Δεν έχεις και άδικο. Έχει κόλλημα με το καράτε είπες. Καλά, περίμενε λίγο να δούμε τι θα κάνουμε*». Δίνει τα χαρτιά σε κάποιον με πολιτικά, της ασφάλειας. Λίγη ώρα μετά μας φωνάζουν σε ένα διπλανό γραφείο. Επαναλαμβάνω την ιστορία μου. Οι άνθρωποι δείχνουν κατανόηση. Κάνουν μερικές «ψαρωτικές» ερωτήσεις στο Μιχάλη-Δαμιανό και τελικά βρίσκουν στο τηλέφωνο τον αδελφό του. «*Ο αδελφός του θα έρθει να τον πάρει. Αν θέλεις φύγε*», μου λένε. «*Κοιτάξτε, έχω πέντε ώρες που τραβιέμαι με αυτή την ιστορία. Θέλω να αποζημιωθώ. Θα περιμένω να έρθει να δω τι θα μας πει κι αυτός. Και αν δεν θέλει να με αποζημιώσει, θα έχω χάσει άλλη μια ώρα. Εντάξει».*

Βγαίνουμε ξανά έξω. Ο δικός μου κάνει τράκα από τον ειδικό φρουρό, καφέ από το μηχάνημα και το κινητό του για να πάρει τον αδελφό του. Με κάθε ευκαιρία με κοιτάζει με ύφος που θα «ψάρωνε» τον Τσακ Νόρις. *«Θα σε φτιάξω εσένα»,* μου λέει. *«Ιδιοκτήτης είσαι; Θα σου κάνω μήνυση και θα σου πάρω το ταξί. Πώς σε λένε πες μου. Τα στοιχεία σου. Ο δικηγόρος μου θα σε κάνει σκόνη. Την έβαψες σου λέω».* Δεν απαντάω σε τίποτε. Δεν έχει και νόημα. Επικοινωνώ με το ραδιοταξί και το σπίτι μου να ενημερώσω ότι τουλάχιστον δεν κινδυνεύω και περιμένω.

Κάποια στιγμή που με απειλεί, περνάει ένας άνθρωπος που δεν τον έπιανε το μάτι σου. Τον κοιτάζει και του λέει *«Τι θα γίνει μ' εσένα θα ηρεμήσεις ή θα σε κλείσω μέσα;».* Ο Μιχάλης-Δαμιανός σταματάει για λίγο και μετά του λέει: *«Γιατί τι έκανα, δεν έκανα τίποτε».* Οπότε ο άλλος σταματάει ξαφνικά, γυρνάει και τον καρφώνει με ένα βλέμμα που πραγματικά θα πάγωνε το αίμα στις γενετικά εξελιγμένες φλέβες του Τσακ Νόρις. Τον καρφώνει έτσι μερικά δευτερόλεπτα και μετά του λέει *«Τίποτε δεν έκανες; Θα βρω εγώ κάτι να έχεις κάνει μην ανησυχείς».* Καλά να είναι ο άνθρωπος, από εκεί και πέρα ο Μιχάλης-Δαμιανός έκοψε το ύφος και ψαχνόταν σε ποιον να πάει να κολλήσει.

Καμιά ώρα μετά έρχεται και ο αδελφός του. Το παλικάρι φαίνεται εντάξει. Ο διοικητής μας καλεί στο γραφείο του, εμένα και τον αδελφό.

«*Τι να σας πω κύριε αστυνόμε*», λέει ο αδελφός. «*Δεν ξέρω τι να κάνω με τον Δαμιανό. Την άλλη φορά πήρε ταξί και ήρθε στην Κατερίνη που δουλεύω και βγήκε και με έψαχνε. Ρεζίλι με έκανε στον κόσμο, κι εγώ πλήρωσα τον ταξιτζή που τον έφερε μέχρι εκεί*».

«*Έχει νοσηλευτεί;*»

«*Ναι αλλά το έσκασε*».

«*Παίρνει κάποιο επίδομα*».

«*Ναι*».

«*Χρησιμοποίησέ το για να τον πας κάπου να τον ελέγχουν, σε καμιά ιδιωτική κλινική, ίσως και να τον κάνουν καλά αν επιδέχεται θεραπείας. Γιατί τον αφήνεις να κυκλοφορεί;*»

«*11 φορές το έχει σκάσει*».

«*Κοίτα*», επεμβαίνω εγώ. «*Έτυχε και μπήκε στο ταξί μου και έπεσε σ' εμένα. Τον πήρα με το καλό και δεν είχαμε έκτροπα. Τι θα γινόταν αν έπεφτε σε κανένα νευρικό συνάδελφο και έπεφτε ξύλο; Ή αν προκαλούσε ατύχημα; Ή αν τον παρατούσε πουθενά στις ερημιές; Ο αστυνόμος έχει δίκιο. Φρόντισε να μπει κάπου να τον προσέχουν σωστά, μην το έχεις βάρος στην συνείδησή σου. Δεν φταίει ο υπόλοιπος κόσμος*».

Τον φωνάζουν μέσα. Έρχεται και λέει:

«*Θέλω να κάνω μήνυση σε αυτόν τον ταξιτζή*».

«*Μήνυση να κάνεις; Λεφτά έχεις να τον πληρώσεις τώρα;*»

«*Όχι*».

«*Με το ζόρι τον κρατάω μη σου κάνει μήνυση αυτός και σε πάω μέσα αυτόφωρο. Πού πας και παίρνεις ταξί χωρίς λεφτά;*» τον φοβερίζει ο αστυνόμος. «*Εντάξει, συγνώμη*». Γυρίζει στον αδελφό του. «*Ένα ΧΧΧΧΧ (δεν θυμάμαι πλέον ποιο ψυχοφάρμακο) ήθελα και δε μου δίνανε, τι να έκανα; Έφτιαξα λίγο τη συνταγή*». «*Αυτό θα κάνω ότι δεν το άκουσα*», λέει ο αστυνόμος. «*Αποζημίωσε τώρα τον ταξιτζή να πάει στη δουλειά του και όπως είπαμε*».

Παίρνω την «αποζημίωση» (το λυπάμαι τον άνθρωπο, και του λέω το ποσό που έγραφε το ταξίμετρο όταν σταματήσαμε έξω από την αστυνομία δυο, τρεις ώρες πριν) και συνεχίζω τη δουλειά μου. Λίγες ώρες μένουν πριν την άδεια. Τι μπορεί να συμβεί;

Χα!

Τα πρόσωπα των αστυνομικών που συνάντησα, δεν τα θυμάμαι πλέον, καθώς έχω ιδιαίτερα κακή μνήμη με τα πρόσωπα, αν και θυμάμαι γενικά άλλα πράγματα. Απλώς πρόσωπα ΔΕΝ συγκρατώ, ποτέ δεν συγκρατούσα.

Από την άλλη, κρίμα που δεν μπορώ να γίνω πιο συγκεκριμένος γιατί ήταν από τις φορές που χάρηκα την αστυνομία να δείχνει ανθρώπινο πρόσωπο και να κάνει σωστά τη δουλειά της. Τον τρομάξανε όσο χρειαζόταν για να κάτσει φρόνιμα, αλλά κατά τα άλλα τον φρόντισαν με κάθε τρόπο (έκανε θραύση στους αυτόματους πωλητές, με ξένα κέρματα πάντα). Και εμένα μου φέρθηκαν πολύ ευγενικά και με κατανόηση για την κατάσταση.

Γιάννης Ψωμιάδης

Το μπουκάλι

Η κυρία εμφανίζεται ξαφνικά από την είσοδο οικοδο-
μής στη Β. Όλγας και κάνει σινιάλο. Φοράει ρόμπα και
από κάτω νυχτικιά, ενώ στα χέρια κρατάει ένα πορτοφο-
λάκι και ένα γυάλινο μπουκάλι με κάτι ακαθόριστα κίτρι-
νο μέσα.

Η ώρα είναι κοντά στις δύο τα ξημερώματα.

«Σταυρούπολη πάμε γρήγορα σε παρακαλώ», λέει.

«Πού ακριβώς;»

«Πάμε και θα σου πω φτάνοντας».

Η αμφίεσή της είναι παράξενη, αλλά μπορεί να υπάρχει
μια πολύ απλή εξήγηση. Μπορεί να πηγαίνει σε άρρωστο
(μωρό της αδελφής/κόρης/ιδίας π.χ.) κουβαλώντας κάποιο
γιατροσόφι (χαμομήλι με μέλι, ρεβυθόζουμο, μολυβδόνε-
ρο, κάτι). Έχει το ταραγμένο ύφος ανθρώπου που του συμ-
βαίνει κάτι δυσάρεστο πάντως, και καθ' οδόν διευκρινίζει:

«*Θα με περιμένετε λιγότερο από ένα λεπτό και θα με φέρετε πίσω;*»

«*Φυσικά*».

Φτάνουμε τελικά στον τόπο του προορισμού μας και κατεβαίνει.

«*Ένα λεπτό έρχομαι*», λέει και κατευθύνεται σε μια οικοδομή. Αντί όμως να πάει προς την είσοδο, κάνει αριστερά και μπαίνει ανάμεσα στα παρκαρισμένα αυτοκίνητα, στον ακάλυπτο χώρο δίπλα. Χάνεται για λίγο στο σκοτάδι, για να επανεμφανιστεί, χωρίς το μπουκάλι αυτή τη φορά.

«*Εντάξει, πάμε πίσω τώρα*», λέει.

«*Πού είναι το μπουκάλι που κρατούσατε;*»

Ταράζεται με την παρατήρηση.

«*Εεε... το πέταξα*».

«*Κοιτάξτε, συγνώμη κι όλα, αλλά επειδή μπήκατε στο πάρκινγκ, το μυαλό μου δεν μπορεί να πάει σε τίποτε καλό. Αν ρίξατε τίποτε οξέα στο αυτοκίνητο κάποιου πείτε το, γιατί αν μας είδανε, θα βρω κι εγώ το μπελά μου*»

«*Οξέα; Όχι, όχι*», απαντάει.

«*Ε, τότε τι κάνατε;*»

«*Τίποτε*». (Ναι καλά...)

«*Συγνώμη αλλά αν κάνατε κάτι παράνομο είμαι ουσιαστικά συνυπεύθυνος. Μήπως πρέπει να σας πάω μόνος μου στην αστυνομία για να μη βρω τον μπελά μου;*»

(Εκείνη την ώρα δεν είναι καθόλου αστείο...)

Διστάζει να απαντήσει για λίγο, αλλά τελικά απαντάει, σχεδόν χωρίς να πάρει αναπνοή ανάμεσα στις φράσεις.

«*Ο άντρας μου. Με απατάει. Δε θέλω να τον χωρίσω όμως. Θέλω να γυρίσει πίσω. Γι' αυτό πήγα και μου φτιάξανε αυτό το μαγικό νερό. Και τον παρακολουθή-σαν. Με πήρε πριν λίγο ο ντετέκτιβ και μου είπε ότι είναι εδώ σε αυτήν την τσούλα. Ήρθα κι εγώ και έριξα το νερό στο αυτοκίνητό του, ώστε εδώ να μη ξανάρθει και σε μένα να γυρίσει*».

«*Μάλιστα κατάλαβα και λυπάμαι*». (Τι να πω, ο άνθρω-πος με αυτά που άκουσα;) «*Και το πληρώσατε ακριβά αυτό το μαγικό νερό*»;

Η φωνή της χαμηλώνει συνωμοτικά.

«*Κάτι οικονομίες που είχα για μια ώρα ανάγκης, τις έδω-σα όλες*», ψιθυρίζει σχεδόν. «*Πέντε χιλιάδες ευρώ. Αλλά δε με νοιάζει. Είναι ο άνθρωπός μου και τον θέλω πίσω*».

Τι να πω; Ελπίζω να γύρισε και να ευτυχούν, μην πή-γαν τζάμπα οι οικονομίες...

Γιάννης Ψωμιάδης

Όταν πίνεις, ξεχνάς...

Βρίσκομαι στους Αμπελόκηπους (κέντρο-δυτικά της πόλης) και κατευθύνομαι προς το κέντρο όταν με σταματάει ένας τύπος κοντά στα 45. Μπαίνει, κάθεται μπροστά και μαζί του κάθεται το άρωμα των προβλημάτων: Ρετσίνες. Πολλές ρετσίνες.

Με κοιτάζει με θολό βλέμμα και μου λέει δείχνοντας προς τη Νεάπολη (βορειοδυτικά):

«Εδώ κοντά θα πάμε, μέχρι την Καλαμαριά».

«Βεβαίως, απλώς η Καλαμαριά είναι προς τα εκεί (του δείχνω νοτιοανατολικά) και δεν είναι και κοντά. Είναι στην άλλη άκρη της πόλης».

«Πού είναι;» αγριεύει.

«Προς τα εκεί, και κάπως μακριά», επαναλαμβάνω.

«Στους Αμπελόκηπους είμαστε τώρα.

«Στους Αμπελόκηπους είμαστε; ΠΩΣ βρέθηκα εγώ εδώ;»

«Δεν έχω ιδέα...»

Ξεκινάμε για την Καλαμαριά και ο τύπος παραμιλάει τα μεθυσμένα δικά του. Σε κάποιο φανάρι, ένα ζευγάρι πλησιάζει και ρωτάνε αν βολεύει να τους πάρουμε μαζί. Πηγαίνουν και αυτοί Καλαμαριά. Τυχερός. Όταν έχεις να κάνεις με μεθυσμένο, όσο περισσότεροι τόσο καλύτερα. Μπαίνουν μέσα και ο δικός μου μπροστά συνεχίζει τις ασυναρτησίες. Εγώ γυρίζω και τους κάνω νόημα ότι έχει πιει. Όχι ότι χρειαζόταν βέβαια.

Κάποια στιγμή λοιπόν, ο τύπος γυρίζει πίσω και λέει:

«...και θα ξαναπάμε τότε. Έτσι δεν είναι ρε Σταύρο;»

Κοιτάζει έκπληκτος γιατί δεν βλέπει τον Σταύρο πίσω, αλλά ένα άγνωστο ζευγάρι. Γυρίζει σ' εμένα.

«Πού είναι ο Σταύρος;»

«Δεν ξέρω. Μόνος μπήκατε στο ΤΑΞΙ».

«Μόνος; Και πού διάολο είναι ο Σταύρος;»

«Τι να σας πω; Δεν ξέρω».

«Πωωω ρε γαμώτο. Πού τον άφησα τον Σταύρο;

Αφού σε χαλάει, τι το πίνεις;

Γιάννης Ψωμιάδης

Χιόνι, Βροχή, παλιόκαιρος και ΤΑΞΙ

Αυτές τις μέρες με τα χιόνια στην Αθήνα (ειδικά την πρώτη μέρα που χιόνισε) είδα αρκετούς στην τηλεόραση να λένε «*πού είναι τα ΤΑΞΙ; Να βγούνε να βοηθήσουν την κατάσταση τώρα, δεν είναι επαγγελματίες, κλπ κλπ*». Θυμήθηκα αυτομάτως μια παρόμοια κατάσταση πριν μερικά χρόνια στην Θεσσαλονίκη. Ήταν τις μέρες της Δ.Ε.Θ. όταν ξαφνικά ένα απόγευμα άνοιξαν οι ουρανοί και έριξε έναν κατακλυσμό. Εγώ έτυχε να βρίσκομαι στο Ωραιόκαστρο στο ξεκίνημα της βροχής και εκεί παρέμεινα για πάνω από δυο ώρες (ουσιαστικά αποκλεισμένος), καθώς άκουγα τόσο από το CB όσο και από το ραδιόφωνο ότι το πέρασμα προς την πόλη (περιοχή αερογέφυρας Σταυρουπόλεως) είχε πλημμυρίσει.

Την ίδια ώρα στο ραδιόφωνο, ακροατές φώναζαν αντιστοίχως για την «εξαφάνιση» των ΤΑΞΙ αυτή τη δύσκολη ώρα. Την ίδια ώρα στο άκουγα στο CB ότι συνάδελφος έβλεπε το αυτοκίνητό του να παρασύρεται προς τη θάλασσα (ευτυχώς γλίτωσαν όλοι, επιβάτες, οδηγός και αυτοκίνητο, το τελευταίο με μεγάλες ζημιές από τα νερά). Θυμίζω λοιπόν ότι:

Ο οδηγός του ΤΑΞΙ είναι (πιθανόν) ένας έμπειρος οδηγός. ΔΕΝ είναι πλήρωμα σωστικού συνεργείου, ούτε οδηγός ειδικών διαδρομών.

Το ΤΑΞΙ είναι ένα κανονικό μεγάλο οικογενειακό αυτοκίνητο. Ούτε 4x4 είναι, ούτε ερπυστριοφόρο παντός καιρού. Αν ο καιρός δεν επιτρέπει τη μετακίνηση των συμβατικών οχημάτων, το ΤΑΞΙ δεν αποτελεί εξαίρεση.

Το ΤΑΞΙ επιτελεί κοινωνικό έργο σε ορισμένες περιπτώσεις. Όμως, ΔΕΝ είναι ούτε το 100, ούτε η Πυροσβεστική, ούτε καν η οδική βοήθεια. Αν πάθει κάτι το αυτοκίνητο, ο οδηγός ή οι επιβάτες, η ευθύνη είναι του οδηγού. Και η πληρωμή των ζημιών επίσης. Αναρωτιέμαι πόσοι από αυτούς που φωνάζουν θα έβγαζαν την «περιουσία» τους στο δρόμο να κινδυνεύει για 3 ευρώ ανά διαδρομή. Και τι θα έλεγαν μετά στο συνεργάτη τους και στην οικογένειά του. (Συνήθως κάθε ΤΑΞΙ έχει δυο ιδιοκτήτες): «*Τις λυπήθηκα τις γιαγιάδες και τις ανέβασα δυο μέτρα μέχρι το σπίτι τους, και μετά τράκαρα γιατί γλίστρησα στους πάγους...*».

Καλύτερα να κατέβω και να τις βοηθήσω. Αυτό έχω κάνει, τώρα που το σκέφτομαι.

Θυμάμαι στο Νόμο Πανοράματος, με χιόνι πριν μερικά χρόνια. «*Ο δρόμος ανοιχτός είναι, το πρωί έφυγε*

Γιάννης Ψωμιάδης

ο άντρας μου χωρίς αλυσίδες». Άσπρισαν πολλές τρίχες μου εκείνο το απόγευμα. Και η πλάκα είναι πως έτυχε στη ζωή μου να έχω οδηγήσει σε χιόνι αρκετά χιλιόμετρα, χωρίς αλυσίδες, στο παρελθόν και δεν πάτησα σε εκείνες τις κατηφόρες του Πανοράματος σαν πρωτάρης πιστέψτε με! Αλλά η ψυχική οδύνη και μόνο δεν καλύπτεται από κανενός είδους κόμιστρα. Να λείπουν τα extreme sports με τα εργαλεία της δουλειάς καλύτερα. Για την ιστορία, αργότερα έμαθα ότι ο άντρας της είχε φύγει το πρωί, όταν ακόμη δεν είχε χιονίσει καλά-καλά. Τον πήρε τηλέφωνο, όταν τελικά βγήκαμε στον κεντρικό δρόμο που ήταν πλέον εντάξει!

Οι περισσότεροι έχουμε αλυσίδες για τα χιόνια. Για μια ώρα ανάγκης. Η ιδέα όμως ότι βγαίνω με το χιόνι, ταλαιπωρώ απεριόριστα το αυτοκίνητο για δέκα και πλέον ώρες με αλυσίδες (κάνοντας ζημιές πολλαπλάσιες των εσόδων) ενώ ταυτόχρονα κινδυνεύουμε (επιβάτες, οδηγός, ΤΑΞΙ), δε στέκει.

Καλά χιλιόμετρα σε όλους. Με πολλλή προσοχή!

Προφίλ επιβατών-κινδύνων για την ψυχική υγεία:

1. Παιδάκια που τρώνε.
«Να φάει το κουλούρι/σοκολάτα/πατατάκια του; Θα προσέχουμε δε θα λερώσει».
Η μαμά που το λέει αυτό μάλλον εννοεί *«δε θα λερώσει τα ρούχα του».* Εννέα στις δέκα φορές, το πίσω κάθισμα, θα είναι γεμάτο σουσάμι, λιωμένες σοκολάτες, σπασμένα πατατάκια, σακουλάκια από καραμέλες, τσίχλες και λοιπά. Δε με πειράζει να τα καθαρίσω. Αλλά μη με διαβεβαιώνεις ότι δε θα αφήσεις τίποτε πίσω σου και γίνομαι εγώ ρεζίλι για το βρόμικο ΤΑΞΙ στους επόμενους επιβάτες.

Πολλές φορές εξίσου άτσαλα τρώνε και οι ενήλικες. Καμιά φορά και χειρότερα.

2. Καυγάδες.
Ένας καυγάς είναι εκ των πραγμάτων δυσάρεστη κατάσταση. Τα πράγματα χειροτερεύουν όταν συμβαίνει σε

απόσταση αναπνοής μεταξύ ανθρώπων που δεν ξέρεις, δεν μπορείς να κάνεις ότι δεν ακούς, δε σε αφορά για να πάρεις θέση, δεν ξέρεις ποιος έχει δίκιο γιατί δεν ξέρεις όλη την ιστορία έτσι κι αλλιώς. Σας παρακαλώ, μαλώστε όταν κατεβείτε. ΤΑΞΙ είναι, όχι αρένα. (Και εγώ ΔΕΝ είμαι διαιτητής, ούτε δημοσιογράφος συντονιστής).

3. Κλάματα.

Κατ' αρχήν έχουμε τις γιαγιάδες που έχουν το δάκρυ εύκολο. Ξεκινούν να σου λένε μια ιστορία και ξαφνικά ανακατεύουν κάτι δυσάρεστο και το δάκρυ τρέχει κορόμηλο. Ευτυχώς, συνήθως επανέρχονται δυο φράσεις μετά και θυμούνται κάτι ευχάριστο και γελάνε. Αν όχι με ένα *«σας παρακαλώ μην κλαίτε και μου ραγίζετε την καρδιά»* συνήθως πιάνουν το λεκτικό σωσίβιο που τις ξαναβγάζει στην επιφάνεια.

Τα πιτσιρίκια κλαίνε για τη σχέση που τελείωσε πριν λίγο. Για τη σχέση που τελειώνει εκείνη την ώρα με SMS στο κινητό τους. Την επόμενη στιγμή θα ψάχνονται να στείλουν SMS αναζητώντας καινούρια σχέση βέβαια, οπότε χαλαρά...

Όταν όμως πέσεις στον άνθρωπο που του συμβαίνει κάτι πραγματικά τραγικό εκείνη τη στιγμή, εύχεσαι να είχε μπει σε κάποιο άλλο ΤΑΞΙ, με κάποιον αναίσθητο συνάδελφο ο οποίος δε θα έδινε σημασία. Η συναισθηματική αποστασιοποίηση κάτι τέτοιες στιγμές σώζει. Όποιον μπορεί να την πετύχει. Εγώ δεν τα καλοκαταφέρνω πάντα οπότε, *«σας παρακαλώ, μην κλαίτε και μου*

Γιάννης Ψωμιάδης

ραγίζετε την καρδιά». Και, σε αυτές τις περιπτώσεις, το εννοώ πραγματικά.

4. Ιστορίες με αρρώστιες και θανάτους.

Στο σπορ τέτοιων ιστοριών επιδίδονται κυρίως γυναίκες κάποιας ηλικίας. Με κάθε αφορμή θα ξεκινήσουν τη δική τους λυπητερή ιστορία, για αρρώστιες, φάρμακα, νοσοκομεία, θανάτους. Όλα αυτά είναι μέσα στη ζωή. Το ξέρω. Και έχω τους δικούς μου λόγους να προτιμώ να μην το θυμάμαι με κάθε ευκαιρία. Πλέον, όταν αρχίζουν κάποια τέτοια ιστορία διακόπτω ευγενικά λέγοντας «είναι δυνατόν να μιλήσουμε για οτιδήποτε άλλο εκτός από αρρώστιες και θανάτους; Το θέμα με στεναχωρεί». Και συνήθως σταματάνε. Συνήθως σταματάνε εντελώς να μιλάνε, γιατί δεν έχουν τίποτε άλλο να πούνε εκτός από αυτά που μαυρίζουν την καρδιά.

5. Σαλιαρίσματα.

Τα σαλιαρίσματα στο πίσω κάθισμα είναι σχεδόν ό,τι χειρότερο μπορεί να συμβαίνει. Το κακό ξεκινάει σχεδόν πάντα ο ένας από τους δύο του ζευγαριού. Συνήθως ο λιγότερο όμορφος ή περισσότερο ανασφαλής, αρχίζει να φιλάει το ταίρι του με έναν ρυθμό περίπου ένα φιλί ανά 10-20 δευτερόλεπτα, προσπαθώντας πρώτον να εκβιάσει την ανταπόκρισή του και δεύτερον να επιδείξει το τρόπαιό του στον κόσμο (σ' εμένα κυρίως αφού εγώ είμαι εκεί, ούτε ένα μέτρο μακριά). Τα φιλιά αυτά είναι συνήθως ηχηρά με έναν αηδιαστικό τρόπο (σαν αυτά που σκάει η αντιπαθητική ιδρωμένη θεία στο κακόμοιρο πιτσιρίκι) και συνοδεύονται από άγαρμπα αγκαλιάσματα και χάδια.

232

Εν ΤΑΧΙ

Με το ζόρι συγκρατώ ατάκες όπως *«αν μείνει έγκυος εδώ μέσα, εγώ δε γίνομαι νονός να ξέρετε», «μήπως θέλατε να μπείτε σε ξενοδοχείο και μπήκατε στο ταξί;», «να χρεώσω το δωμάτιο με την ώρα ή θα μείνετε όλη τη νύχτα;», «περιμένετε να σβήσω την κάμερα ασφαλείας γιατί σε λίγο θα μεταδίδω τσόντα στο κέντρο».* (Αν υπάρχει κάμερα ασφαλείας στο ΤΑΞΙ και αν μεταδίδει στο κέντρο, είναι κάτι που θα αφήσω να αιωρείται).

6. Πάρτι κοριτσιών.

Τρία ή τέσσερα κορίτσια, ηλικίας από 16 μέχρι 76 ετών εισβάλλουν στο ταξί. Σκοπός τους είναι να μιλάνε όλες μαζί ταυτόχρονα (και όταν μιλάει η μία μόνο, οι υπόλοιπες βγάζουν χορωδιακά επιφωνήματα και γέλια). Οι συχνότητες των φωνών τους είναι ψηλά και οι εντάσεις ψηλότερα. Επίσης, ακόμη και αν τα κορίτσια είναι 76 χρονών, σε αυτές τις φάσεις οι συζητήσεις τους αγγίζουν τα όρια της ακατέργαστης βλακείας. Έλεος! (Δεν έχει έλεος, μόνο το τέλος της διαδρομής).

Σε ορισμένες περιπτώσεις ασχολούνται και μαζί μου ξαφνικά *«Είστε παντρεμένος; Πόσα παιδιά έχετε; Οδηγάτε χρόνια ταξί;»* κλπ. κλπ. Το ρόλο συνήθως τον αναλαμβάνει μια τολμηρή, ενώ οι υπόλοιπες ακούνε όλο ενδιαφέρον, γελάνε και στριγκλίζουν και μαζεύουν υλικό για να με θάψουν αργότερα.

Μερικές φορές, μετά από 10 λεπτά τσιρίδων, ξαφνικά κάποια πετάει ένα *«τον ζαλίσαμε τον άνθρωπο σταματήστε»*. Εγώ συνήθως απαντάω διφορούμενα: *«Μπα συνηθισμένος είμαι».*

Μόλις κατέβουν πάντως, συνήθως ή βάζω κάποιο αγαπημένο τραγούδι και το δυναμώνω, ή κλείνω κάθε μουσική και CB για να συνέλθω από το πακέτο.

7. Χοντρό καμάκι στις απ' έξω.

Στη θάλασσα ο καπετάνιος έχει δικαιώματα περίπου Αυτοκράτορα. Σε ορισμένες περιπτώσεις θα ήθελα να συμβαίνει το ίδιο και με το ταξί. Γιατί όταν καθώς περνάω δίπλα από κορίτσια, οι μαντράχαλοι που μπήκαν για πελάτες ανοίγουν παράθυρα και αρχίζουν χοντράδες, μου έρχεται να ανοίξω τις πόρτες και να τους πετάξω στη θάλασσα. Και βάζω πάγο αμέσως, καθώς συνήθως γυρνάνε γελώντας και ενώ περιμένουν την επιδοκιμασία μου, συναντάνε το όρος Έβερεστ!

«Σας παρακαλώ μη μιλάτε έτσι όσο βρίσκεστε μέσα σε αυτό το ΤΑΞΙ, θα αναγκαστώ να σας κατεβάσω κάτω ή να φωνάξω την αστυνομία», λέω συνήθως και μου επιστρέφονται μασημένα *«συγνώμη»* ή *«έλα μωρέ τώρα, τι είπαμε;»*.

Όχι μαλάκα, δε θα λες εσύ τις χοντροκομμένες βλακείες σου (εκ του ασφαλούς) από το ΤΑΞΙ που οδηγάω εγώ. Δεν είμαι πουριτανός. Απλώς δεν αντέχω το γλοιώδες ύφος.

8. Κραυγές στο κινητό.

Συνήθως οδηγάω με κλειστά παράθυρα (και κλιματισμό, χειμώνα/καλοκαίρι), εκτός από κάποιες φάσεις που ανοίγω για ανανέωση του αέρα. Αυτό συμβαίνει επειδή προτιμώ να εισπνέω όσο το δυνατόν λιγότερο τη θολούρα που ονομάζεται αέρας μέσα στην κίνηση και να μην ακούω το θόρυβο του δρόμου. Από τα αυτοκίνητα μέχρι τα περαστικά στερεοφωνικά. Η μουσική παίζει χαμηλά. Το CB επίσης. Γενικά μέσα στο ΤΑΞΙ επικρατεί σχετική ησυχία. Και ξαφνικά ο επιβάτης (συνήθως η επιβάτης) αρχίζει να μιλάει στο κινητό. Να φωνάζει στο κινητό δηλαδή. Τόσο δυνατά που η χρήση του φαίνεται άσκοπη. Κλείσε το, το ρημάδι, άνοιξε το παράθυρο και συνέχισε με την ίδια ένταση. Θα συνεχίσουν να σε ακούνε. Και αν μιλούσες με καμιά φίλη σου, θα την ακούμε κι εμείς να τσιρίζει.

Αν το πράγμα τραβήξει πάνω από πέντε λεπτά δυναμώνω το ραδιόφωνο. Και το CB. Συνήθως το πιάνουν το υπονοούμενο.

9. Χτύπημα κερμάτων.

Σαν το μαρτύριο της σταγόνας, το παιχνίδι μερικών με τα κέρματα στο χέρι τους μπορεί να αποδειχθεί καταστροφικό για τα νεύρα. Από τη μία ο ακατάσχετα επαναλαμβανόμενος ήχος του κέρματος πάνω σε κέρμα είναι ενοχλητικός σαν πετραδάκι στο παπούτσι. Από την άλλη εμπεριέχεται ένα υπονοούμενο τύπου *«Ακούς; Έχω λεφτά να σε πληρώσω»*, από μερικούς. Μπράβο. Βάλε τα τώρα στη τσέπη σου γιατί για τον ψυχίατρο και τα φάρμακα που θα χρειαστώ με αυτό που κάνεις, δεν φτάνουν.

10. Απεραντολογίες.

Δε με πειράζουν τα πολλά λόγια, όταν έχουν περιεχόμενο. Μερικές φορές όμως ο μονόλογος πάει κάπως έτσι:

«Αμάν αυτές οι γυναίκες. Έβλεπα στην τηλεόραση, ξέρετε τι; Χα χα» (παύση).

«Εμ, έχει είκοσι, τριάντα χρόνια; Το εβδομήντα οχτώ πρέπει να ήταν. Έδειχνε λοιπόν η τηλεόραση έναν επιστήμονα. Νομίζω κτηνίατρος, δεν είμαι και σίγουρος. Χμμμ» (παύση).

«Φυσικός ήτανε; Εκείνα τα χρόνια, ξέρεις, η τηλεόραση ήταν πολύ, πολύ, πολύ, πολύ, πολύ καινούριο πράγμα. Ραδιόφωνα μόνο είχαμε κι εκείνα με το ζόρι. Ήταν φτωχά χρόνια. Αλλά περνούσαμε καλά. Ήμαστε πιο ήσυχοι» (παύση).

«Έλεγε αυτός στην τηλεόραση λοιπόν ότι είναι κακό να βράζουμε φαγητά και να τα βάζουμε στην κατάψυξη. Όχι ότι είχαμε καταψύξεις τότε σαν αυτές τις σημερινές. Ο γιος μου έχει πάρει έναν καταψύκτη ξεχωριστό. Είναι που έχουμε κάτι ζαρζαβατικά στο εξοχικό. Στο χωριό της γυναίκας μου. Όχι ότι της άφησαν οι γονείς της σπίτι. Μόνοι μας το φτιάξαμε. Έχω κουβαλήσει τούβλα βράδυ εγώ εκεί. Τότε με τα παράνομα» (παύση).

«Και πάει η γυναίκα μου και μου βγάζει φαγητά από το ψυγείο και το ζεσταίνει. Και με πιάνει το στομάχι μου. Γι' αυτό σου λέω. Αμάν αυτές οι γυναίκες. Δε συμφωνείς;»

Αν συμφωνήσω θα σταματήσετε γιατί μου έχετε διυλίσει τον εγκέφαλο;

Driver's seat

Πρωί καθημερινής, φτάνω στο Νοσοκομείο Παπαγεωργίου και σταματάω να αποβιβάσω.

Οι πελάτισσές μου είναι ηλικιωμένες και έχουν πράγματα στο πορτμπαγκάζ, οπότε κατεβαίνω να τις βοηθήσω. Προκειμένου να μην ταλαιπωρηθεί η κυρία που κάθεται πίσω μου, της ανοίγω την αριστερή πίσω πόρτα. Μέχρι να κατέβει, ανοίγω και το πορτμπαγκάζ και κατεβάζω τα πράγματά τους. Στη συνέχεια, και κάπως βιαστικά γιατί ενοχλώ, κλείνω το πορτμπαγκάζ και μπαίνω στο ταξί.

Σε δέκατα του δευτερολέπτου, το σώμα μου τροφοδοτεί τον εγκέφαλο πληροφορίες, που τα μάτια μου βλέπουν αμέσως μετά. Το κάθισμα είναι ψηλότερα και σκληρότερο. Η αίσθηση της πόρτας διαφορετική. Το αριστερό μου χέρι αντί για το τιμόνι πιάνει αέρα. Αντί για το χειρόφρενο δίπλα στο κάθισμα, το δεξί μου χέρι πιάνει... κι άλλο κάθισμα. Αμέσως μετά, έρχεται και η πληροφορία από τα μάτια. Βλέπω το κάθισμα του οδηγού μπροστά μου, γιατί έχω μπει από την (αφημένη ανοιχτή από την επιβάτιδά μου) αριστερή πόρτα των επιβατών και έχω κάτσει πίσω. Ξαναβγαίνω έξω, κάθομαι στη σωστή θέση αυτή τη φορά, και μετακινώ το ταξί 5-6 μέτρα μπροστά και δεξιά στο σημείο απ' όπου ξεπαρκάρει ένα Ι.Χ. Αριστερά μου στο πεζοδρόμιο, στέκεται ένας φύλακας του νοσοκομείου, και με κοιτάζει αποσβολωμένος. Ανοίγω το παράθυρο.

«Βρήκα ανοιχτή πόρτα και μπήκα», του λέω.

«Κι εγώ σε κοιτάζω και λέω τι κάνει αυτός...»

Αφού δεν μπήκα σε ξένο ταξί, πάλι καλά...

Γιάννης Ψωμιάδης

Εξολοθρευτές Βρυκολάκων

Κυριακή απόγευμα, επιβιβάζω έναν άντρα και μια γυναίκα από το κέντρο. Η γυναίκα κάθεται μπροστά. Το στρουμπουλό της πρόσωπο ξεγελάει για την ακριβή ηλικία της. Πρέπει να είναι μεταξύ τριάντα και σαράντα, ενώ ο άντρας γύρω στα εξήντα.

«Πλατεία Τερψιθέας στο περίπτερο», μου λέει η γυναίκα.

Ένα κύμα μυρωδιάς σκόρδου με χτυπάει και με σκεπάζει. Ανοίγω το παράθυρο όσο αντέχω, (έξω έχει πέντε βαθμούς) και στρέφω τους αεραγωγούς του κλιματισμού πάνω μου. Ματαίως. Δεν είναι η πρώτη φορά που επιβάτης μου μυρίζει έντονα, αλλά η συγκεκριμένη μάλλον πήρε ένα κιλό σκόρδο, έφαγε το μισό και με το υπόλοιπο έκανε εντριβές. Επί μέρες. Τρεις φορές ημερησίως. (Υπερβάλλω λίγο. Ίσως να ήταν μισό κιλό σκόρδο).

Στο μεταξύ έχουν ξεκινήσει και συζητάνε έντονα σε κάποια ξένη γλώσσα. Προκειμένου να βλέπει τον πίσω, η γυναίκα έχει μισογυρίσει αριστερά στο κάθισμά της, στέλνοντας με κάθε της κουβέντα νέα κύματα σκόρδου προς το μέρος μου.

Δυναμώνω τη ροή του κλιματισμού. Η γυναίκα σαν κάτι να καταλαβαίνει γιατί βγάζει από τη τσάντα της μια καραμέλα και τη βάζει στο στόμα της. Δεν μυρίζω καμιά διαφορά.

«Μπορούμε να τον αφήσουμε στη στάση να πάρει λεωφορείο για Ευκαρπία;» ρωτάει ξαφνικά.

Σταματάμε στη στάση και, πριν κατέβει, ο τύπος μου δίνει ένα εικοσάρικο. Η γυναίκα τον σταματάει με ένα καταιγισμό ξένων λέξεων. Έτσι κι αλλιώς, αν δεν φτάσουμε στον προορισμό μας, δεν μπορώ να ξέρω πόσα να κρατήσω. Ή μήπως εμμέσως υπονοεί να δώσω τα ρέστα στη γυναίκα;

Μόλις αυτός κατεβαίνει, η γυναίκα μου ρίχνει πλάγιες ματιές αλλά δε λέει τίποτε. Καλύτερα γιατί προσπαθώ να αγνοήσω τον πονοκέφαλο που έχει αρχίσει να μου προκαλεί η μυρωδιά.

Στο μεταξύ η συμπαντική συνωμοσία των αρωμάτων συνεχίζεται, καθώς μας πιάνει κάθε φανάρι που συναντάμε. Στο τελευταίο φανάρι που μας σταματάει άδοξα, λίγο πριν την πλατεία η κυρία σκάει έναν αναστεναγμό προς το μέρος μου.*«Ουφφφφφ...»*

Το ξεφύσημα του δράκου. Νιώθω τα μάτια μου να καίνε.

Φτάνουμε επιτέλους στην πλατεία. Δίπλα στο περίπτερο, μια παρέα μου κάνει σινιάλο. Τους κάνω νόημα ότι θα επιστρέψω να τους πάρω.

«*Κάπου εδώ;*» ρωτάω.

«*Λίγο πιο πέρα*», απαντάει.

Είκοσι μέτρα μετά, μου ζητάει να σταματήσω και βγάζει λεφτά από την τσάντα της.

Καθώς μου δίνει το χαρτονόμισμα, με κοιτάζει στα μάτια και χαμογελάει.

Της δίνω τα ρέστα. Τα παίρνει χωρίς να κατεβάσει τα μάτια της και συνεχίζει να με κοιτάζει κατάματα χαμογελώντας, σαν κάτι ακόμη να περιμένει. Αυτό το έργο το έχω ξαναδεί. Μου την πέφτει. Κάνω ότι δεν κατάλαβα και καθώς ακούγεται κορνάρισμα πίσω μας, κοιτάζω τον καθρέφτη αριστερά μου. Την ξανακοιτάζω. Εξακολουθεί να με κοιτάζει με τον ίδιο τρόπο.

Κάνω μια κίνηση με τους ώμους, τύπου «*άντε τι θα γίνει;*» χαμογελώντας (ελπίζω) ευγενικά.

Το χαμόγελο και η στάση της αλλάζει σ' ένα σιωπηλό και απογοητευμένο «*καλά, εσύ χάνεις*» και κατεβαίνει επιτέλους από το ταξί. Κάνω τον κύκλο της πλατείας. Η παρέα έχει φύγει με άλλο ταξί προφανώς. Ίσως καλύτερα γι' αυτούς και τις μύτες τους. Για τα επόμενα δύο λεπτά, οδηγάω με τα παράθυρα ορθάνοιχτα και τον ανεμιστήρα του κλιματισμού στο φουλ. Δεν έχω τίποτε με τα σκόρδα. Τα τρώω κι εγώ. Αλλά μερικές φορές, όταν μιλάς στον άλλον από κοντά...

Το σπίτι στο Δερβένι

Καλοκαίρι, Σάββατο βράδυ αργά, φτάνω στην πιάτσα Βαρδαρίου. Καθώς σκέφτομαι ότι ίσως είναι η ώρα να κλείσω το ταξί σιγά-σιγά, επιβιβάζεται ένας τύπος κοντά στα πενήντα. Ημίγυμνος, με ένα υφασμάτινο παντελόνι κομμένο κοντό λίγο πάνω από το γόνατο και το μπλουζάκι του ριγμένο στον ώμο. Κάθεται, πετάει πάνω στο ταμπλώ το κινητό του και με κοιτάζει. Τον κοιτάζω κι εγώ. Είναι πιωμένος.

«Καλησπέρα τι κάνεις; Καλά; Έτσι μπράβο καλά. Πάμε στο Δερβένι και θα σου πω», μουρμουρίζει μεθυσμένα. Από την προφορά του καταλαβαίνω ότι πρόκειται για αλλοδαπό.

(Για όσους δεν ξέρουν, το Δερβένι είναι μια περιοχή λίγο έξω από τη Θεσσαλονίκη, στο δρόμο προς Καβάλα. Περιοχή που έχει αντιπροσωπείες αυτοκινη-

των, εκθέσεις επίπλων, τα τσιμέντα ΤΙΤΑΝ, αλλά όχι σπίτια).

Ξεκινάω με μισή καρδιά, σκεπτόμενος ότι μάλλον θα έπρεπε να είχα φύγει για το σπίτι τελικά. Μεθυσμένος πελάτης με προορισμό έρημη περιοχή δεν είναι καλό σημάδι. Του πιάνω την κουβέντα προσπαθώντας να ψυχολογήσω την κατάσταση.

«Πού ακριβώς πάμε στο Δερβένι;»

«Το αδελφός μου έχει σπίτι εκεί».

«Δεν είχα προσέξει ότι έχει σπίτια στο Δερβένι», λέω αθώα εγώ.

«Έχει, έχει, θα σου πω».

«Εντάξει. Αλλά έτσι από περιέργεια, πού περίπου είναι αυτό το σπίτι; Πριν το ΤΙΤΑΝ;»

«Απέναντι από το ΤΙΤΑΝ».

Ξαφνικά καταλαβαίνω πού εννοεί. Αριστερά ανεβαίνοντας, σε μια περιοχή που μέχρι πρότινος είχε μόνο λιβάδια, έχει δημιουργηθεί ένας μικρός συνοικισμός στη μέση του πουθενά.

Στο μεταξύ ο πελάτης μου έχει όρεξη να πει την ιστορία του.

«Εγώ φίλε σήμερα βγήκα από τη φυλακή».

«Ωραία», του απαντάω. (Τώρα μάλιστα).

«Βγήκα, πήγα βρήκα κάτι φίλους εδώ στο Μπαρδάρι και πίνουμε από το μεσημέρι. Ό,τι λεφτά είχα κέρασα ποτά. Μόνο ένα ζευγάρι παπούτσια (μου δείχνει τα πόδια του) πρόλαβα και πήρα. Αλλά μην ανησυχεί εσύ, όταν φτάσουμε θα βγει ο αδελφός μου και θα σε πληρώσει».

«*Τέτοια ώρα θα τον ξυπνήσετε;*»

«*Δεν είναι πρόβλημα. Θα τον ξυπνήσω, θα πληρώσει. Εσύ μην ανησυχεί*».

Αυτός καλά το λέει, αλλά εγώ ανησυχεί. Μεθυσμένος ΚΑΙ με κατεύθυνση τις ερημιές ΚΑΙ αποφυλακισμένος σήμερα ΚΑΙ ένας αδελφός τον οποίο θα πρέπει να περιμένω να βγει να πληρώσει;

Παίρνω μικρόφωνο και προσποιούμαι ότι μιλάω με το κέντρο δηλώνοντας τον προορισμό μου.

Στο μεταξύ από το κινητό του πάνω στο ταμπλώ ακούγονται κατά καιρούς ήχοι, σαν να χτυπάει στη δόνηση με ξεψυχισμένη μπαταρία. Αυτός το αγνοεί κι εγώ δεν επεμβαίνω. Κάποια στιγμή, σε ένα επίμονο γουργούρισμα, το παίρνει στα χέρια του, το κοιτάζει και το ξαναπετάει πάνω στο ταμπλώ. Μάλλον δεν θέλει να απαντήσει.

«*Εγώ που λες φίλε άδικα πήγα μέσα*», λέει ξαφνικά.

«*Εμένα με έναν άλλο που είχε ναρκωτικά στο σπίτι και ήρθε η αστυνομία και έπιασε εμένα*».

«*Και τον άλλον δεν τον έπιασαν;*»

«*Πάει αυτός, έφυγε για το πατρίδα*».

Κάποια στιγμή «πέφτει». Αναμενόμενο, καθώς πρέπει να πίνει τις τελευταίες δώδεκα ώρες τουλάχιστον. Κρεμάει το κεφάλι στο στήθος του και συνεχίζει μουρμουρίζοντας ακατάληπτα.

Δεν τον ενοχλώ, μέχρι που φτάνουμε στο ΤΙΤΑΝ.

«*Πού πάμε τώρα πείτε μου λίγο*», τον ξυπνάω από τον λήθαργό του.

Κοιτάζει γύρω με απλανές βλέμμα και τελικά προσανατολίζεται. Ακολουθώντας τις οδηγίες του βρισκόμαστε τελικά σ' ένα κατασκότεινο δρομάκι.

«Εδώ είναι. Στρίψε», μου λέει τελικά, δείχνοντάς μου έναν χαλικόδρομο.

Στρίβω και ανακαλύπτω ότι ο χαλικόδρομος είναι στην πραγματικότητα το πάρκινγκ ενός σπιτιού.

Ο τύπος ανοίγει την πόρτα και κατεβαίνει. Πηγαίνει και χάνεται κάπου στην είσοδο του σπιτιού, που δεν φαίνεται από εκεί που βρίσκομαι, αφήνοντας το κινητό του «ενέχυρο» στο ταμπλό να βουίζει κάθε τρεις και λίγο.

Στο μεταξύ εγώ έχω κλείσει ασφάλειες, έχω βάλει όπισθεν, κρατάω το μικρόφωνο και είμαι έτοιμος για παν ενδεχόμενο. Μπορεί ο αδελφός του να μην έχει ιδέα για τη νυχτερινή επίσκεψη του φρεσκοαποφυλακισθέντος και να βγει με κανένα δίκαννο. Μπορεί να βγουν και οι δυο με δίκαννα.

Ένα λεπτό μετά πάντως, ο πελάτης μου εμφανίζεται με κάποιον ακόμη, ο οποίος δεν κρατάει τίποτε. Φοράει κι αυτός ένα σορτσάκι, που δεν αφήνει χώρο για κρυμμένα «σιδερικά». Πλησιάζουν και οι δύο, ο πελάτης μου παραπατώντας. Ο αδελφός ευγενέστατος, με πληρώνει.

«Το κινητό σας ξεχάσατε», λέω στον πελάτη μου και απλώνω το χέρι στο ταμπλώ να του το δώσω.

Γυρίζει, με κοιτάζει με το θολό του βλέμμα και μου λέει:

«Δεν είναι κινητό, ραδιόφωνο είναι».

Ζωή σ' εσάς

Ψυχοσάββατο, πηγαίνω σε κλήση κάπου στη Σταυρούπολη. Φτάνοντας, βρίσκω στην είσοδο της πολυκατοικίας δυο κυρίες. Η μια φοράει μαύρα και κρατάει ένα δίσκο σκεπασμένο με αλουμινόχαρτο, ενώ η άλλη φοράει μια λουλουδάτη χειμωνιάτικη ρόμπα, κρατάει μια σακούλα και προφανώς έχει βγει να ξεπροβοδίσει τη μαυροφορεμένη. Προφανώς, αλλά λάθος τελικά, γιατί είναι η κυρία με τη ρόμπα που μπαίνει στο ταξί! Η μαυροφορεμένη της δίνει το δίσκο και την αποχαιρετά με κάτι σαν *«να ζούμε να τον θυμόμαστε».*

Ωραία...

«Ασβεστοχώρι θα πάμε, αλλά πρώτα θα κάνουμε μια στάση εδώ πιο κάτω να δώσω κάτι στην οδό τάδε».

«Δεν την ξέρω αυτή την οδό», της λέω. *«Να κοιτάξω λίγο το χάρτη».*

«*Θα σας πω εγώ. Μην ανησυχείς κύριε*» (Πληθυντικός, ενικός και «κύριε» στην ίδια φράση, δεν είναι καλό σημάδι. Ψυχραιμία.)

Στρίβουμε από εκεί που μου λέει, και τρεις δρόμους παρακάτω μου ζητάει να στρίψω αριστερά, σε μονόδρομο. Δε γίνεται φυσικά κι έτσι παίρνουμε τον επόμενο αριστερά. Στο μεταξύ εγώ ρίχνω κλεφτές ματιές στο GPS, αλλά δεν βλέπω το δρόμο που μου είπε γύρω μας. Τρία «*στρίψε από εδώ*» (σηκώνοντας λίγο το δεξί χέρι και κάμπτοντας ελαφρώς την παλάμη, όταν εννοεί αριστερά), έχουμε απομακρυνθεί οχτώ τετράγωνα και δεν έχει εντοπίσει τον προορισμό μας. Αντιθέτως δείχνει όλο και πιο χαμένη.

«*Να δω λίγο το χάρτη;*»

«*Όχι, θα σου πω εγώ, ξέρω. Στρίψε από εδώ*» (πάλι αντίθετα σε μονόδρομο).

«*Στρίψε από δω, στρίψε από κει*», τελικά φτάνουμε σχεδόν εκεί από όπου ξεκινήσαμε, όχι όμως εκεί που θα θέλαμε.

«*Αφήστε με να δω λίγο τον χάρτη;*»

«*Άντε δες τον*».

Κάνω αναζήτηση, και βρίσκω την οδό. Είναι ένα δρομάκι με είκοσι σπίτια, πέντε μέτρα από το σημείο που την παρέλαβα αρχικά. Τέλος πάντων, είπαμε ψυχραιμία. Μπαίνω στο στενό, και ακολουθώντας τις υποδείξεις της σταματάω έξω από ένα σπίτι.

Βγαίνει έξω με το δίσκο και χτυπάει το κουδούνι. Κάνει πίσω και κοιτάζει σ' ένα μπαλκόνι. Ξαναχτυπάει το κουδούνι. Δε συμβαίνει τίποτε. Ξαναχτυπάει το κουδούνι, ξανακοιτάζει στο μπαλκόνι. Κάποια στιγμή το παίρνει απόφαση και επιστρέφει στο ταξί. Μπαίνει και κάθεται και αυτή τη φορά το αλουμινόχαρτο που σκεπάζει τον δίσκο σηκώνεται, αποκαλύπτοντας το αναμενόμενο περιεχόμενό του. Κόλλυβα.

«Δεν πειράζει, του χρόνου», μουρμουρίζει. *«Τώρα ούτε κουταλάκι, ούτε σακουλάκι έχω να τους αφήσω στην πόρτα...»*

Ξεκινάω. Εκείνη σηκώνει από κάτω τη σακούλα που είχε ακουμπήσει εκεί μπαίνοντας. Σταυροκοπιέται (τρεις φορές, μεγάλος σταυρός) και στη συνέχεια βγάζει από μέσα ένα σακουλάκι φαρμακείου και ένα πλαστικό κουταλάκι και αρχίζει να τρώει κόλλυβα, κάνοντας κατά καιρούς ενοχλητικούς θορύβους με τη γλώσσα και τα χείλη της.

Κάποια στιγμή τα μαζεύει και από την τσέπη της ρόμπας βγάζει ένα πακέτο τσιγάρα. Βγάζει ένα τσιγάρο από μέσα και μένει να το κρατάει μαζί με τον αναπτήρα.

Δεν λέω τίποτε για ένα δυο λεπτά. Ούτε κι εκείνη. Αναρωτιέμαι αν το ετοίμασε για να το καπνίσει φτάνοντας, αλλά έχουμε αρκετό δρόμο ακόμη.

«Αν θέλετε να καπνίσετε, μπορείτε», της λέω τελικά.

«Ευχαριστώ, θα ρωτούσα», μου απαντάει.

Καινούριο σταυροκόπημα, συνοδευόμενο από μια ακατάληπτη κυκλική χειρονομία μπροστά στα χείλη και ένα μουρμουρητό, μάλλον (προσ)ευχή. Ανάβει το τσιγάρο και ανοίγει εντελώς το παράθυρο. Το ξανακλείνει αφήνοντάς το δυο δάχτυλα ανοιχτό, καθώς ξεκινάμε και αρχίζει να φυσάει (8 βαθμούς έχει έξω). Αγνοώντας την προτροπή μου να χρησιμοποιήσει το τασάκι του αυτοκινήτου, κάθε φορά που θέλει να πετάξει τη στάχτη, το ανοίγει μέχρι τα μισά και μετά το ξανακλείνει, κουνώντας και το κεφάλι της στο ρυθμό της μουσικής που παίζει, στα ρεφρέν κυρίως. Όταν τελικά τελειώνει το τσιγάρο, το πετάει έξω, κλείνει το παράθυρο και ξανασταυροκοπιέται. Βγάζει το σακουλάκι, το κουταλάκι και τρώει μια δεύτερη γύρα. Σε κάθε εκκλησία που προσπερνάμε, αφήνει το κουταλάκι για να κάνει τους τρεις μεγάλους της σταυρούς, και μετά ξαναπιάνει το μασούλημα.

«*Στην επόμενη διασταύρωση θα στρίψουμε*», μου λέει κάποια στιγμή.

«*Δεξιά ή αριστερά;*»

«*Θα σου πω*».

«*Πείτε μου τώρα, γιατί πρέπει να βγάλω φλας*».

«*Α, τότε, από εκεί*» (Πάλι η κίνηση με το δεξί χέρι και την παλάμη να δείχνει αριστερά).

Στρίβω, ακολουθώ μερικές ακόμη υποδείξεις και τελικά μπαίνουμε σ' ένα χαλικόστρωτο δρομάκι που δείχνει ιδιωτικό. Σταματάμε έξω από μια μεγάλη διπλή πόρτα ενός διώροφου σπιτιού με κήπο.

Καθώς πληρώνει, με ρωτάει:

Κόλλυβα θέλεις;»

«Όχι ευχαριστώ».

«*Δεν έχω και πού να σου βάλω. Είναι και δυσάρεστο, άσε καλύτερα*».

Κατεβαίνει. Ξεκινάω σιγά-σιγά, να μη σηκώσω σκόνη και, ακολουθώντας το στενό δρομάκι (δεν έχει χώρο να κάνω αναστροφή και ελπίζω ότι κάνοντας τον κύκλο του σπιτιού ξαναβγαίνει σε κεντρικό δρόμο), στρίβω γύρω από τον μαντρότοιχο, για να ανακαλύψω ότι ο δρόμος είναι όντως ιδιωτικός. Και απολύτως, αδιέξοδος.

Γιάννης Ψωμιάδης

3 και 80

Η κυρία επιβιβάζεται από την πιάτσα Σταυρουπόλεως. *«Συκιές στον Άγιο Χαράλαμπο».*

«Βεβαίως».

Η διαδρομή είναι προβληματική εκ των πραγμάτων. Είναι βραδάκι, ώρα που κλείνει η αγορά, ψιλοβρέχει και επικρατεί χάος, καθώς ο καθένας κάνει ότι μπορεί και νομίζει στο δρόμο. Φτάνοντας στο φανάρι Λαγκαδά με Δαβάκη για να στρίψουμε αριστερά προς Πολίχνη (μπροστά στο στρατόπεδο του Παύλου Μελά) βρίσκουμε μια ουρά καμιά εικοσαριά αυτοκινήτων, μεταξύ των οποίων και ένα λεωφορείο. (Για όσους δεν ξέρουν, είναι ένα από τα φανάρια που μέχρι να ανοιγοκλείσεις τα μάτια σου ξαναγίνονται κόκκινα, και συχνά λόγω κίνησης στο αντίθετο ρεύμα, δεν προλαβαίνει να περάσει ούτε ένα αυτοκίνητο, πόσο μάλλον λεωφορείο).

Μας παίρνει 3-4 αλλαγές φαναριού, αλλά τελικά τα καταφέρνουμε να περάσουμε, για να βρεθούμε να κολλάμε στο επόμενο και στο επόμενο και στο επόμενο φανάρι. Έτσι, για διαδρομή που φυσιολογικά κρατάει 5-8 λεπτά, κάνουμε 16.

«Κάπου εδώ αφήστε με», μου λέει φτάνοντας. *«Πόσο είναι;»*

Κοιτάζω το ταξίμετρο.

«3 και 80», της λέω.

«Πόσο;» (δυο οκτάβες πάνω η φωνή, «παθαίνω εγκεφαλικό» ο τόνος).

«3 και 80», επαναλαμβάνω.

«Μα καλά, πώς γίνεται; Εγώ κάθε μέρα κάνω τη διαδρομή, ποτέ δεν πληρώνω πάνω από 3, άντε 3 και 20».

«Προφανώς δε συναντάτε τέτοια κίνηση κάθε μέρα. Κάναμε δεκαέξι λεπτά για να διανύσουμε αυτά τα περίπου δύο χιλιόμετρα» (το ταξίμετρο έχει ένδειξη χρόνου διαδρομής/διανυθείσας απόστασης).

«Καλά, 3 και 80; Πρώτη φορά...» (σκαλίζει τα κέρματα στο πορτοφόλι της και μουρμουρίζει).

Κόβω την απόδειξη από τον εκτυπωτή και της την δίνω.

«Ορίστε, πάρτε την απόδειξη να σας λυθούν οι απορίες».

«Τι να την κάνω;»

«Να την μελετήσετε. Έχει πλήρη ανάλυση, απόστασης, αναμονής, πόσο κόστισε το καθένα, το όνομα και το Α.Φ.Μ. μου αν θέλετε να με καταγγείλετε, τα πάντα».

«Όχι, όχι, δεν πειράζει, εντάξει...»

«Όχι επιμένω. Να μη νομίζετε λάθος πράγματα».

Ξαφνικά με πιστεύει και δε θέλει την απόδειξη. Τη ρίχνω όμως εγώ μέσα στη σακούλα που κρατάει.

Κατεβαίνει, και πριν κλείσει την πόρτα πετάει ένα:

«Καλά, δεν είπα τίποτε».

Πού και να 'λεγε...

Πηγαίνοντας στις Σέρρες

Σάββατο βράδυ, καθώς αποβιβάζω στο Mediteranean Cosmos ακούω το κέντρο να κάνει κλήση για ταξί με αλυσίδες. Δεν έχω παρακολουθήσει από την αρχή την κλήση, αλλά έχω αλυσίδες οπότε διεκδικώ και τελικά κατευθύνομαι. Καθοδόν μαθαίνω και τις λεπτομέρειες από το CB. Την κλήση έχει κάνει συνάδελφος, που παρέλαβε από το αεροδρόμιο πελάτες με προορισμό τις Σέρρες. Όταν όμως τον ενημέρωσαν ότι στη διαδρομή πιθανόν να συναντήσει χιόνια, ζήτησε από το κέντρο να κάνει τη συγκεκριμένη κλήση για τους πελάτες του.

Φτάνω λοιπόν στο σημείο που είναι σταματημένος προκειμένου να γίνει η μετεπιβίβαση. Οι πελάτες είναι ένα νεαρό ζευγάρι μ' ένα μωράκι στην αγκαλιά. Μεταφορτώνουμε τις αποσκευές τους, δένουμε το πορτμπεμπέ του μωρού στο πίσω κάθισμα και ξεκινάμε. Με υπόκρουση τις μικρογκρίνιες του μωρού που ενοχλήθηκε από την αλλαγή περιβάλλοντος, μαθαίνω ότι είχαν σκοπό να πάρουν το αεροπλάνο για Γερμανία, όπου διαμένουν μόνιμα. Αν και ήξεραν ότι υπάρχει απαγορευτικό λόγω κακοκαιρίας, νοίκιασαν αυτοκίνητο και ήρθαν το πρωί από τις Σέρρες. Δέκα ώρες μετά, η πτήση έχει ακυρωθεί οριστικά, οπότε παίρνουν το δρόμο της επιστροφής. Σε τι κατάσταση είναι αυτός ο δρόμος όμως, άγνωστο. Το ευοίωνο είναι ότι η θερμοκρασία βρίσκεται στους 5 βαθμούς και βρέχει. Οπότε αν υπάρχει όντως χιόνι, λογικά θα έχει λιώσει.

Με το μυαλό μου στο δρόμο, ξεχνάω να βάλω διπλή ταρίφα βγαίνοντας από την πόλη. Το καταλαβαίνω γύρω στα 15 χιλιόμετρα μετά, όταν ο νεαρός, που κάθεται μπροστά, με ρωτάει δείχνοντας το ταξίμετρο:

«Τι είναι τα πρόσθετα που γράφει εδώ;»

«Πρόσθετες χρεώσεις όπως αποσκευές, κλήση, παραλαβή από ΟΣΕ, ΚΤΕΛ, αεροδρόμιο κλπ. Όταν μας ζητούν απόδειξη, τα βάζουμε εκεί, προκειμένου να προστεθούν στην μηχανογραφημένη απόδειξη που εκδίδουμε».

«Δηλαδή τα πρόσθετά μου είναι 25 ευρώ;»

Κοιτάζω το ταξίμετρο και χαμογελάω.

«Όχι. Μπορούμε να ρυθμίσουμε το ταξίμετρο ώστε καθοδόν σε εκείνο το μέρος της οθόνης να δείχνει διάρκεια διαδρομής ή διανυθείσα απόσταση. Το 25:43 που βλέπετε είναι ο χρόνος από την ώρα που ξεκινήσαμε. Βλέπετε που κυλούν τα δευτερόλεπτα, του δείχνω, και εκείνη τη στιγμή προσέχω και την ένδειξη της ταρίφας στο 1

«*Ξέχασα να βάλω διπλή ταρίφα*», του λέω. «*Έπρεπε να το είχα κάνει αρκετή ώρα πριν, λίγο αφού περάσαμε το νοσοκομείο Παπαγεωργίου. Τέλος πάντων, βάζω τώρα και θα δούμε φτάνοντας*».

Δεν ξέρω αν με καταλαβαίνει αλλά μου λέει:

«*Θα χρειαστώ κι εγώ απόδειξη*».

«*Φυσικά*».

Μη θέλοντας να ενοχλήσουμε το μωρό, που πλέον έχει ησυχάσει, δε λέμε και πολλά πράγματα στη διαδρομή, πέρα από κάποιες αμπελοφιλοσοφίες για τις διαφορές στις συμπεριφορές των λαών, την οργάνωση των κρατών και τέτοια. Εξάλλου η προσοχή μου είναι στραμμένη στις καιρικές συνθήκες και το δρόμο. Κοιτάζω συνεχώς το θερμόμετρο. Καθώς το υψόμετρο ανεβαίνει (έχουμε μπει στις στροφές του δρόμου των Σερρών), η θερμοκρασία πέφτει. 5, 4, 3, 2, 1 βαθμοί Κελσίου. Ευτυχώς συνεχίζει να βρέχει. Ο δρόμος είναι βρεγμένος αλλά καθαρός. Όμως το συσσωρευμένο από εκχιονιστικά μηχανήματα χιόνι στις άκρες του, και το άσπρο τοπίο γύρω μαρτυρούν ότι έχει ρίξει αρκετό χιόνι νωρίτερα. Καθώς πιάνουμε τις κατηφόρες δεν πηγαίνω με περισσότερα από 50-60, καθώς υπάρχει πάντα η πιθανότητα παγετού. Με απασχολεί πάντα η ασφάλεια, η δική μου και των επιβατών, αλλά ειδικά όταν μεταφέρω μωρά ή έγκυες η προσοχή μου τριπλασιάζεται. Ευτυχώς η θερμοκρασία από την άλλη πλευρά των βουνών αρχίζει και πάλι να ανεβαίνει, με τη βροχή να συνεχίζεται. Έχουμε σχεδόν φτάσει στις Σέρρες, όταν μου λέει ότι πηγαίνουμε σ' ένα κοντινό χωριό

Γιάννης Ψωμιάδης

και όχι στην ίδια την πόλη. Κάνουμε αριστερά προς τα ελληνοβουλγαρικά σύνορα και, μερικά χιλιόμετρα μετά, μπαίνουμε στο χωριό και φτάνουμε στο σπίτι τους. Κατεβαίνω και ξεφορτώνω τις γιγαντιαίες αποσκευές τους.

«Τι οφείλω;»

Κοιτάζω το ταξίμετρο, που έχει γράψει 61,70. Λογικά θα έγραφε γύρω στα 67, αλλά δεν μπορώ να πω με σιγουριά. (Το θέμα των «πρόσθετων» λόγω αποσκευών και κλήσης δεν το αναφέρω καν).

«Δεν ξέρω πόσα ακριβώς περισσότερα θα έπρεπε να είναι αφού δεν έβαλα διπλή ταρίφα όταν έπρεπε», του λέω, «αλλά για να μη σας αδικήσω θα κρατήσω 65 ευρώ».

Κοιτάζει κι αυτός το ταξίμετρο.

«Αυτό το 61,70 που γράφει εδώ τι είναι;» ρωτάει.

«Είναι η αξία της διαδρομής μας», του απαντάω, «αλλά θα έπρεπε να είναι περισσότερο. Σας ξαναλέω ότι ξέχασα να βάλω διπλή ταρίφα όταν έπρεπε. Θα βάλω όμως στα πρόσθετα που λέγαμε πριν ένα ποσό, προκειμένου η απόδειξη που ζητήσατε να βγει 65».

Πατάω το σχετικό κουμπί στο ταξίμετρο, το οποίο αυτομάτως (λόγω διπλής ταρίφας) προσθέτει 2,80 (Τα ποσά που προστίθενται είναι προκαθορισμένα, στη μονή ταρίφα π.χ. προσθέτει διαδοχικά 0,34, 0,68, 1,02 κλπ., ενώ στη διπλή κάνει μεγαλύτερα «άλματα»).

Ο εκτυπωτής εκδίδει την απόδειξη. Στο μεταξύ ο νεαρός μου δίνει 100 ευρώ και του επιστρέφω 35 ρέστα. Κόβω την απόδειξη και την κοιτάζω πριν του τη δώσω για να βεβαιωθώ για το ποσό.

«Εντάξει, δε γράφει ακριβώς 65, αλλά 64 και 50», του λέω. (Με τα πρόσθετα το τελικό ποσό έχει γίνει 64,58.) Παίρνει την απόδειξη και την κοιτάζει. Διστάζει για λίγο και μετά μου λέει:

«Δεν έχεις το μισό ευρώ να μου δώσεις ρέστα;»

Για ένα δυο δευτερόλεπτα δεν απαντάω, καθώς προσπαθώ να καταλάβω τι εννοεί.

«Πρέπει η απόδειξη να είναι ακριβώς όσα λεφτά έδωσα, συμπληρώνει».

Δεν καταλαβαίνω περισσότερα από αυτή του την εξήγηση και δεν έχει νόημα να το συζητήσω. Βγάζω μισό ευρώ και του το δίνω.

«Να σου δώσω παλικάρι μου. Ορίστε. Ευχαριστώ πολύ, καλό βράδυ», του λέω και παίρνω το δρόμο της επιστροφής.

Η ιστορία θα τελείωνε εδώ, αλλά στην επιστροφή συναντάω χιόνι στο δρόμο.

Μου πήρε τρεισήμισι ώρες για να διανύσω περίπου εκατόν ογδόντα χιλιόμετρα πήγαινε-έλα.

Όταν τραγουδάει το παιδί μας

Παππούς, κόρη και εγγονή (η τελευταία 3-4 χρονών) μπαίνουν στο ταξί κάπου στη Χαριλάου και πηγαίνουν στην Τούμπα. Η μικρή, που έχει καθίσει ακριβώς πίσω μου, τιτιβίζει διάφορα για ένα δυο λεπτά, μέχρι που η μαμά έχει την φοβερή ιδέα:

«Θα μας τραγουδήσεις κάτι;»

Άλλο που δεν θέλει το κοριτσάκι. Αρχίζει να τραγουδάει ένα φανταστικό, ακατάληπτο παιδικό τραγούδι:

«Ήρθε ο κορκόζιλος δάγκωσε το λαγό και η αλεπού τον λότησε πού είναι τα αυτιά σου...»

Κάτω από άλλες συνθήκες όλα αυτά θα μπορούσαν να είναι χαριτωμένα. Έχω όμως ήδη έξι ώρες στο δρόμο και λίγο πριν έχω υποστεί και την ακατάσχετη εικοσάλεπτη φλυαρία δυο ηλικιωμένων επιβάτιδων. Δεν λέω τίποτε όμως και δυναμώνω τη φωνή της Gerrard στο ραδιόφω-

νο. Ο παππούς δίπλα μου με κοιτάζει, αλλά επίσης δεν λέει τίποτε.

Δυο λεπτά μετά, το κοριτσάκι φτάνει σ' ένα κρεσέντο καθώς «*ο χαρχαρίας σκοτώνει το παπάκιιιιιι*». Ο στοίχος ενοχλεί τη μαμά:

«*Δε μου αρέσει αυτό το τραγούδι. Πες μας το γάιδαρο*», λέει στη μικρή.

«*Όχι, εμένα αυτό μ' αρέσει*», απαντάει με νάζι η μικρή.

«*Άσε το παιδί να τραγουδήσει ό,τι θέλει*», επεμβαίνει και ο παππούς.

Δεν κρατιέμαι πλέον.

«*Εμένα δε με ρωτήσατε όμως*».

«*Τι είπες;*» αρπάζεται η μάνα.

«*Λέω, εμένα δε με ρωτήσατε αν έχω τη διάθεση να ακούσω τσιριχτά παιδικά τραγουδάκια*».

«*Τι λέει μαμά;*» ρωτάει το κοριτσάκι.

«*Λέω ότι αν συνεχίσεις, μάλλον θα χρειαστώ ασπιρίνες μικρή μου*», της απαντάω γλυκά.

«*Παιδιά δεν έχεις;*»

«*Τι σχέση έχει αυτό;*»

«*Άμα κάνεις παιδιά, θα δεις*».

«*Όταν τραγουδάει το παιδί μας, τα φάλτσα του ακούγονται σαν θεϊκή μελωδία*», λέω γελώντας, έχοντας στο μυαλό το παραμύθι με τη μάνα κουκουβάγια. Δεν έχω διάθεση ούτε να μαλώσω, ούτε να τρομάξω τη μικρή. Με έχει ενοχλήσει όμως η αγενής αδιαφορία των ενηλίκων. Κατά κανόνα, γονείς και κηδεμόνες φροντίζουν να συμμαζεύουν τη φασαρία των παιδιών τους, πολλές φορές πιο αυστηρά απ' ό,τι χρειάζεται. Αυτοί εδώ την ενθαρρύνουν.

«Τα παιδιά χρειάζονται γερά νεύρα, γερή υπομονή και γερό πορτοφόλι», επιμένει η μαμά.

«Δηλαδή αν δεν έχω παιδιά, θα πρέπει μέχρι να αποκτήσω να εξασκούμαι παρά τη θέλησή μου με τα παιδιά των άλλων;». Συνεχίζω να μιλάω γελώντας, αλλά η θερμοκρασία της φωνής μου έχει πέσει αισθητά.

Μέχρι να φτάσουμε στον προορισμό μας, ούτε η μικρή ξανατραγουδάει, ούτε οι ενήλικες λένε κουβέντα.

Κι εγώ βάζω την Gerrard να μας τα πει από την αρχή.

Στερεότυπα

Για αρκετό κόσμο, το επάγγελμα κάποιου είναι συνυφασμένο με συγκεκριμένα χαρακτηριστικά, σε επίπεδο συμπεριφοράς, ενδιαφερόντων, ιδιοτήτων και αντιλήψεων. Έτσι, μπαίνοντας σ' ένα ταξί, περιμένουν από τον οδηγό ένα ή περισσότερα από τα παρακάτω: (Στις παρενθέσεις παραθέτω πραγματικά παραδείγματα).

1. Είναι άρρωστος ποδοσφαιρόφιλος: Ακούει μόνο αθλητικά ραδιόφωνα με την ένταση του ραδιοφώνου του στα 9/10. Γνωρίζει τα αποτελέσματα όλων των αγώνων, ενώ έχει έγκυρα προγνωστικά για όσους βρίσκονται σε εξέλιξη (Με ρωτάνε: «*Πόσο είναι το ματς; Τι λες να κάνει ο ΠΑΟΚ;*») Έχει χαζο-τεκμηριωμένες απόψεις για παράγοντες, παίκτες και διαιτητές. Το ταξί είναι γεμάτο αθλητικές εφημερίδες, δελτία στοιχήματος και Προ-Πο. («*Έπαιξες στοίχημα σήμερα; Όχι; Γιατί,*

Γιάννης Ψωμιάδης

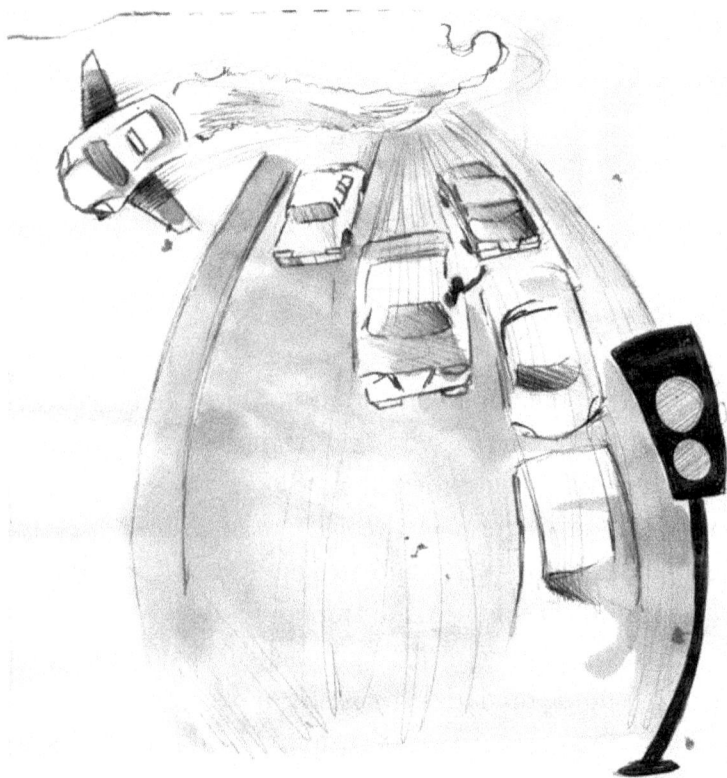

ξέχασες;») Στο τηλέφωνο μιλάει μόνο με άλλους «καμένους», σιχτιρίζοντας την ατυχία που τον έστειλε στον «κουβά» ανατρέποντας το σκορ στο 89° λεπτό του αγώνα, ή καμαρώνοντας για τα 30 ευρώ που κέρδισε (στο δελτίο που πιθανόν του κόστισε 50 μία μέρα που ξόδεψε 300 συνολικά!)

2. Ακούει μόνο λαϊκά: Κατά προτίμηση βαριά, τρίτης διαλογής σκυλάδικα με συλλεκτική αξία. Οποιαδήποτε άλλη μουσική επιλογή, προκαλεί τρομερή έκπληξη. («*Πρώτη φορά μπαίνω σε ταξί που παίζει mp3s rave, rock, chill, abient, ραδιόφωνο 88,5, imagine, republic, super FM!!!*»), ή εκνευρισμό στους πελάτες. («*Τι βλακείες ξένα ακούς. Βάλε Λαϊκός FM και δυνάμωσέ το να γουστάρουμε*». Ελπίζω να μη σας πειράζει που μάλλον θα τρακάρουμε καθώς θα παθαίνω σπασμούς από το αλλεργικό σοκ).

3. Είναι Γενικός Οδηγός Πόλεως - Χρυσός Οδηγός: Γνωρίζει τα πάντα. Πού βρίσκεται η κάθε τράπεζα. («*Στη Γενική Τράπεζα της Τσιμισκή θέλω να πάω. Δεν γνωρίζετε που είναι; Εγώ γι' αυτό πήρα ταξί*»). Γνωρίζει πού έχει υποκαταστήματα η κάθε υπηρεσία. («*Καλά, δεν ξέρετε πού κάνω αίτηση για φυσικό αέριο; Δεν είστε από εδώ;*»), καθώς και ποια ακριβώς διαδρομή ακολουθεί κάθε λεωφορείο (πηγαίνω δυο στάσεις πριν το τέρμα του 24, εκεί που έχει ένα μανάβικο).

4. Ξέρει σε ποιο μαγαζί τραγουδάει κάθε αοιδός. («*Θα μας πας στην Πέγκυ*»), ποιο μαγαζί έχει μπουζουκάκι και καλούς ψαρομεζέδες, φτηνά και καλά επώνυμα ρούχα,

καλό αλλά όχι πολύ κόσμο (και να ξέρω δεν θα σε πάω για να συνεχίσει να έχει καλό κόσμο), ποιο ξενοδοχείο είναι οικονομικό αλλά σίγουρα καθαρό (δεν έχω κάνει υγειονομικούς ελέγχους πρόσφατα, ούτε συνηθίζω να μένω σε ξενοδοχεία της πόλης μου).

5. Είναι Οδηγός Παράνομων Δραστηριοτήτων: Γνωρίζει τηλέφωνα «κοριτσιών». (*«Μεγάλε, δώσε το τηλέφωνο καμιάς σίγουρης, να έρθει στο ξενοδοχείο να μας τρίψει».* Αυτό συνήθως από μεσήλικες επιχειρηματίες επισκέπτες στην πόλη). Ξέρει που έχει μαλακά ναρκωτικά. (*«Πήγαινέ με κάπου να βρω κάνα τσιγαράκι»,* κλείσιμο ματιού, «εσύ ξέρεις»). Ξέρει πού έχει σκληρά ναρκωτικά. (*«Πού συχνάζουν τα πρεζόνια;».* Η ερώτηση από γονείς που ψάχνουν τον τοξικομανή γιο τους, στις τρεις τα ξημερώματα στην Αριστοτέλους). Ξέρει πού θα βρει κλεμμένα αγαθά, ανταλλακτικά κυρίως. (*«Έλα τώρα, όλο και κάποιον δικό σου θα έχεις να μας βρει μια σιντιέρα»*). Παραδόξως, όπλα δεν μου έχουν ζητήσει ακόμη.

6. Είναι κινητός οδηγός αγοράς αυτοκινήτου: Όχι μόνο είναι το μοναδικό του ενδιαφέρον, αλλά ξέρει τα πάντα για όλα τα αυτοκίνητα. (*«Μπορεί το VVT-i να πηγαίνει καλύτερα από το VVX-iL; Να πάρω το Mazda RX8 ή το Audi TT την έκδοση RS που έχει 28 άλογα παραπάνω; Τα γιαπωνέζικα ή τα ευρωπαϊκά είναι καλύτερα;»*). Ξέρω τα υπέρ και τα κατά για τις 6-7 μάρκες/τύπους που βγαίνουν για ταξί. Δε δουλεύω σε εξουσιοδοτημένο συνεργείο παντός τύπου, ούτε είμαι διά βίου συνδρομητής στο περιοδικό «4 Τροχοί».

7. Ξέρει τα πάντα για όλες τις βλάβες. (*«Προχθές άρ-γησε να πάρει μπρος και μου έχει ανάψει ένα πορτοκαλί λαμπάκι. Τι λες να είναι;»*. Αν άναψε ένα μόνο πορτοκα-λί λαμπάκι δεν υπάρχει πρόβλημα. Όταν ανάψουν δυο ή τρία κόκκινα να αρχίσεις να ανησυχείς).

8. Είναι ο (σκλάβος). «Σοφέρ της κυρίας Νταίζης»: Δε χρειάζεται να του φερθείς στοιχειωδώς ευγενικά ή έστω ανθρώπινα. (*«Καλαμαριά!»* -Σκέτη προστακτική, όπως λέμε: *«Ντεεεε»* στο γαϊδούρι). Είναι σκλάβος του Αμερι-κάνικου Νότου πριν τον εμφύλιο. (*«Αν δεν είμαστε εκεί σε δέκα λεπτά, ο πατέρας μου θα σε τσακίσει»*. Μου το έχει πει καβαλημένη ξανθούλα κοπελίτσα αυτό). Δεν έχει ανάγκη από ύπνο, φαγητό, τουαλέτα ή ξεκούραση. (*«Για φαγητό πηγαίνεις και είσαι δυο τετράγωνα από το σπίτι σου; Εντάξει, πήγαινέ με στην άλλη άκρη της πόλης και γυρίζεις να φας αργότερα»*. Τώρα, αν εκτός από το ότι πεινάς, σε περιμένουν για φαγητό και έχεις ήδη αργήσει, δεν έχει καμία σημασία).

9. Επίσης, ο ταξιτζής δεν... υπάρχει. Οι επιβάτες σαν να είναι ολομόναχοι, μαλώνουν, φωνάζουν, γελά-νε λένε μυστικά μεταξύ τους και στο τηλέφωνο, αφη-γούνται ανατριχιαστικές λεπτομέρειες. (*«Μόλις βγήκα από τον γιατρό, έχω τριχομονάδες/έκζεμα/μύκητες»*. Μόλις κατέβει, να απολυμάνω χρήματα, χέρια, κάθι-σμα, πόρτα).

10. Είναι Κοινωνικό Σφυγμόμετρο: Αφού συναντάει κάθε είδους ανθρώπους, είναι σίγουρη πηγή κοινωνικών πληροφοριών για τον κάθε ασφαλιστή, δικηγόρο, πολι-

Γιάννης Ψωμιάδης

τευόμενο, πωλητή ή απλώς περίεργο. («*Τι λέει ο κόσμος για την οικονομία/πολιτική/ειδήσεις; Πώς πάνε οι δουλειές τους; Πώς τα βλέπουν τα πράγματα; Εσύ τι λες;*». Λέω ότι τα ευαίσθητα προσωπικά δεδομένα όπως οι κοινωνικοπολιτικές μου απόψεις, τα μοιράζομαι κατά βούληση, όχι κατά παραγγελία.

11. Είναι αλάθητος: Πώς είναι ο Σουμάχερ; Ε, καλύτερος! Δεν του επιτρέπεται κανένα λάθος στην οδική συμπεριφορά. Δε μιλάω για βλακεία αλλά για ανθρώπινο λάθος. («*Καλά ρε, δεν είδες το STOP και είσαι και επαγγελματίας;*»). Όχι δεν το είδα γιατί το κρύβει αρκετά καλά το δέντρο μπροστά του. Το επαγγελματίας παραδόξως, δεν είναι συνώνυμο του Θεός. Επίσης δεν κάνει ποτέ λάθος στον προορισμό. («*Πώς μπέρδεψες το Επιπλόραμα με το Επιπλόκαστρο;*». Έλα ντε; Κάθε μέρα εκεί είμαι), ούτε και στην επιλογή της διαδρομής μέχρι τον προορισμό. («*Από που με έφερες; Εμένα ο άντρας μου ξέρει ένα δρόμο που φτάνουμε σε δέκα λεπτά*». Ασχέτως αν μπαίνει ανάποδα σε δυο μονόδρομους, ή είναι η μοναδική διαδρομή που κάνει τα τελευταία τριάντα χρόνια, οπότε την έμαθε αναγκαστικά).

Τελικό συμπέρασμα: Για μερικούς ανθρώπους, όλα τα δάχτυλα είναι ίσα. Ακόμη κι όταν δεν είναι δάχτυλα...

Το έπος του 40

Το παρακάτω περιστατικό δεν είναι ευχάριστο, ούτε διασκεδαστικό.

Βράδυ, γύρω στις δέκα, ανηφορίζω στη Νεάπολη. Στην άκρη του δρόμου, ένας γέροντας με πατερίτσες μου κάνει σινιάλο. Σταματάω δίπλα του κι αυτός ανοίγει την πόρτα και, με γρήγορες κινήσεις που φανερώνουν πείρα πολλών ετών, βάζει τις πατερίτσες μέσα, κρατιέται από το κάθισμα και το ταμπλώ, και με μια ακροβατική κίνηση κάθεται.

Τότε συνειδητοποιώ ότι του λείπει το δεξί του πόδι από τον μηρό και κάτω.

«Καλησπέρα παλικάρι», μου λέει.

«Πολύ καλησπέρα σας», του απαντάω.

«Εδώ πιο πάνω πάω, δεν πάω μακριά, αλλά δυσκολεύομαι να περπατήσω», μου λέει απολογητικά.

271

«*Εγώ πάντως θαύμασα την ευκινησία σας και μπράβο*», του απαντάω.

«*Μια χαρά κρατιέστε*».

«*Ξέρεις πόσο χρονών είμαι;*», καμαρώνει,

«*Ογδόντα έξι.*»

«*Δεν σας φαίνεται. Κοντά στα εβδομήντα θα έλεγα ότι είστε*».

Χαμογελάει.

«*Παιδί μου, τι εβδομήντα; Στον πόλεμο με τους Ιταλούς, στην Αλβανία το έχασα το πόδι μου*».

Το βλέμμα του θολώνει καθώς βυθίζεται σε δυσάρεστες αναμνήσεις.

Δεν ξέρω τι να πω. Η σιωπή βαραίνει δυσάρεστα όμως, οπότε τελικά λέω αυτό που σκέφτομαι:

«*Αν δεν ήσαστε εσείς να πολεμήσατε για να είναι σήμερα τα παιδιά σας, όλοι μας, ελεύθεροι, Γερμανικά θα μιλούσαμε*».

Χαμογελάει πικρά.

«*Τα παιδιά μου... Να σου πω παλικάρι μου. Ένα γιο έχω και με έχει διώξει από το ίδιο μου το σπίτι*».

Παγώνω.

«*Σοβαρά μιλάτε;*»

«*Πολύ σοβαρά. Τρία χρόνια αφού παντρεύτηκε, έρχεται και μου λέει: Γέρο, άντε άσε το σπίτι να έρθουμε εμείς που είμαστε τρεις κι εσύ κάπου θα βολευτείς. Τι να κάνω; Έφυγα, και τώρα μένω σ' ένα χαμόσπιτο. Εκατόν πενήντα ευρώ ενοίκιο για μια τρύπα. Καταλαβαίνεις*».

Δεν θέλω να ρίξω λάδι στη φωτιά, αλλά δεν μπορώ να αποφύγω την ερώτηση.

«Ο γιος σας δεν σας βοηθάει καθόλου;»

«Ο γιος μου... Ούτε το εγγόνι μου δεν με αφήνει να δω. Έχω να πάω σπίτι τους, δηλαδή σπίτι μου, από τότε που έφυγα. Δυο χρόνια έχει. Και ο εγγονός θα ρωτάει για τον παππού του γιατί μ' αγαπάει το καημενούλικο. Ποιος ξέρει, μπορεί και να του είπε ότι πέθανα».

Δεν ξέρω αν η ιστορία του γέροντα ήταν αληθινή. Σίγουρα αληθινή πάντως είναι η παλιά, γκρεμισμένη από τον καιρό μονοκατοικία έξω από την οποία τον αφήνω και φεύγω με βαριά καρδιά.

Γιάννης Ψωμιάδης

Driver Seat (The flip side)

Συζητούσα τις προάλλες ένα περιστατικό, που μου θύμισε το παρακάτω προγενέστερο:

Πηγαίνω σε κλήση σε ένα δρομάκι κάπου στην Πολίχνη. Μετά από ένα δυο λεπτά αναμονής, με τις γειτόνισσες να με κοιτάζουν και να σχολιάζουν (η Κίτσα θα φύγει στο χωριό), εμφανίζεται μια κυρία γύρω στα εξήντα. Μου κάνει νόημα να περιμένω, καθώς προσπαθεί να βγάλει από την οικοδομή 2-3 αποσκευές. Βγαίνω από το ταξί για να τη βοηθήσω, αφήνοντας την πόρτα μου ανοιχτή. Καθώς ανοίγω το πορτμπαγκάζ, εκείνη πιάνει ψιλοκουβέντα με τις γειτόνισσες. Πίσω της έρχεται και μια γηραιά κυρία, που την προσπερνάει και σιγά-σιγά κατευθύνεται στο ταξί. Παίρνω τις αποσκευές από την είσοδο (δυο δρομολόγια) και τις φορτώνω στο ταξί. Κλείνω το πορτμπαγκάζ και πάω να μπω στο αυτοκίνητο.

Δύσκολα τα πράγματα...

Η γηραιά κυρία, έχοντας βρει την πόρτα μου ανοιχτή, έχει καθίσει στη θέση του οδηγού και με το δεξί χέρι κρατιέται από το τιμόνι καθώς προσπαθεί να βάλει και τα πόδια της μέσα στο αυτοκίνητο. Την πλησιάζω.

«Αφήστε καλύτερα να οδηγήσω εγώ», της λέω. *«Εκτός αν έχετε ειδική άδεια οδήγησης ταξί».*

Οι γειτόνισσες γυρνάνε, βλέπουν την κατάσταση και αρχίζουν τα τσιριχτά γέλια:

«Κυρά-Κίτσααα έβγαλες δίπλωμα; Καλέ κοίτα που πήγε και έκατσε. Έπιασε και το τιμόνι να οδηγήσει...»

Η κυρά-Κίτσα κοιτάζει γύρω της έκπληκτη, καταλαβαίνει και αρχίζει να γελάει. Την βοηθάω να βγει.

«Συγνώμη παλικάρι μου», δεν πρόσεξα.

«Μη στεναχωριέστε».

Στο μεταξύ το δούλεμα και τα γέλια από τις γειτόνισσες συνεχίζονται. Οπότε η κυρά-Κίτσα που παρά την ηλικία της τα έχει τετρακόσια τις βάζει στη θέση τους:

«Καλά, όταν γίνετε 82 χρονών σαν κι εμένα να δω τι θα κάνετε».

«Αν φτάσουμε, που δεν το βλέπω», συμπληρώνω αυθόρμητα εγώ.

Δεν το είπα για κακό, αλλά το γέλιο τους κόβεται απότομα.

Βασιλίσσης Όλγας 245

Ένα ζευγάρι κοντά στα 50-55 επιβιβάζεται από τη Νεάπολη.

«Βασιλίσσης Όλγας 245 θα μας πας», μου λέει ο άντρας.

«Βεβαίως. Ξέρετε μήπως πού περίπου είναι το νούμερο;» ρωτάω.

«Στο μονόδρομο», μου λέει αυτός με τον πομπώδες ύφος του ανθρώπου που δεν ξέρει, αλλά δε θέλει και να το δείξει.

«Εεε, ναι. Όλη η Βασιλίσσης Όλγας μονόδρομος είναι», του απαντάω.

«Ναι, ναι, βέβαια, μου λέει. Είναι εκεί, πάνω στη στροφή»
Πολύ διαφωτιστικό.

«Θα κοιτάξω το GPS του λέω».

«Ε όχι, πάμε και θα σου πω, θα το γνωρίσω φτάνοντας».

Γιάννης Ψωμιάδης

«Δεν έχω αντίρρηση, αλλά επειδή ο μονόδρομος έρχεται προς το μέρος μας, τι να κάνω; Να πάω μέχρι το τέλος της και να την κατέβουμε όλη;»

«Ρώτα καλύτερα», πετιέται η γυναίκα.

Στο μεταξύ εγώ έχω βρει το σημείο στο GPS.

«Εδώ βλέπω ότι το νούμερο είναι διαγώνια απέναντι από τη Νομαρχία», τους λέω.

«Νομαρχία; Όχι δεν είναι εκεί», λέει η γυναίκα.

«Είναι πολύ πιο πάνω», συμφωνεί και ο άντρας.

Ξανακοιτάζω την οθόνη, και αναγνωρίζω το στίγμα.

«Στο σημείο εκείνο αν θυμάμαι καλά, έχει το σέρβις της η Philips», τους λέω.

«Α! Ναι, εκεί είναι», λέει η γυναίκα. «Στην πολυκατοικία πάνω από τη Philips».

Καταπίνω διάφορα σχόλια που μου έρχονται στο μυαλό και ξεκινάω. Δεν είναι η πρώτη φορά που μου λένε ανακρίβειες για τον προορισμό μας.

Η τεχνολογία στην αντιμετώπιση της ξεροκεφαλιάς.

Γιάννης Ψωμιάδης

Εγνατίας 35

Απόγευμα Κυριακής, περιμένω στην πιάτσα των ΚΤΕΛ. Όταν έρχεται η σειρά μου, πλησιάζει ένας παππούς, ογδόντα χρονών και βάλε. Σκύβει στο παράθυρο και κάτι μου λέει. Το παράθυρο όμως είναι κλειστό (το όχημα κλιματίζεται) και δεν τον ακούω. Κατεβάζω λίγο το τζάμι.

«Ελάτε περάστε».

«Πίσω στην πόλη πάω».

«Όπου πηγαίνετε θα πάμε».

«Πίσω πηγαίνω, στην πόλη».

«Ελάτε, περάστε», φωνάζω λίγο δυνατότερα αυτή τη φορά.

Ο άνθρωπος με αργές κινήσεις ανοίγει την πόρτα και σιγά-σιγά βολεύεται στο κάθισμα. Φαίνεται ότι προσπαθεί να κάνει γρήγορα, αλλά το σώμα του δεν τον βοηθάει.

«Μη βιάζεστε, με την ησυχία σας».

Με τα πολλά κλείνει τελικά την πόρτα και ξεκινάμε.

«Πού ακριβώς πηγαίνουμε;»

«Στο κέντρο».

«Ναι, πού ακριβώς στο κέντρο;

«Στο κέντρο, στην πόλη, δεν ξέρεις που είναι το κέντρο;»

Με κοιτάζει με εξεταστικό, θολό από τον καταρράκτη βλέμμα.

«Μάλιστα, αλλά το κέντρο είναι μεγάλο. Εγνατία, Τσιμισκή; Πού πηγαίνουμε;»

«Α! Εγνατίας 35».

«Ωραία».

Σε όλη τη διαδρομή δε λέει τίποτε. Τον βλέπω που είναι κουρασμένος και ταλαιπωρημένος. Προσπαθεί να δει γύρω πού βρισκόμαστε.

Μπαίνουμε στην Εγνατία. Το νούμερο είναι στην απέναντι πλευρά του δρόμου. Αναρωτιέμαι, αν θέλει να κάνω τον απαραίτητο κύκλο για να τον αφήσω ακριβώς μπροστά στο νούμερο αλλά διστάζει γιατί φοβάται μη γκρινιάξω, ή απλώς δεν το ξέρει και θα βρεθεί προ εκπλήξεως.

Θέλοντας να τον διευκολύνω χωρίς να τον προσβάλλω του λέω όσο φυσικότερα μπορώ:

«Θέλετε μήπως να κάνω τον κύκλο για να σας αφήσω μπροστά στο νούμερο;»

Με αγριοκοιτάζει κάπως και μου απαντάει με την άνεση δεκαοχτάχρονου:

«Γιατί; Δεν μπορώ να περάσω μόνος μου;»

Γιάννης Ψωμιάδης

Δε λέω τίποτε. Σταματάμε, και αφού με πληρώνει, ξεκινάει τη διαδικασία εξόδου. Δεν τολμώ να τον ρωτήσω αν χρειάζεται βοήθεια. Με χίλια βάσανα καταφέρνει να σταθεί όρθιος και για λίγο βρίσκεται να στηρίζεται με την πλάτη στο ταξί, κρατώντας την πόρτα ανοιχτή. Μισοκλείνει τα μάτια του καθώς κοιτάζει στο ταμπλό δεξιά το τιμολόγιο του ταξί. Κάνει με δυσκολία να σκύψει για να δει καλύτερα. Καταλαβαίνω ξαφνικά.

«Ο τιμοκατάλογος είναι», του φωνάζω.

«Ε;»

«Ο τιμοκατάλογος του ταξί είναι. Δεν είναι κάτι δικό σας»

«Δεν είναι δικό μου;»

«Όχι. Ο τιμοκατάλογος είναι».

«Α! Καλά».

Με αργές κινήσεις κλείνει την πόρτα και με μια τελική στήριξη-ώθηση στο ταξί, ανεβαίνει στο πεζοδρόμιο. Παλικάρι.

Γιάννης Ψωμιάδης

Εξοπλισμένος ποδηλάτης

Στην προσπάθεια να αποφευχθούν τα διπλοπαρκαρίσματα που κλείνουν τον δρόμο, σε πολλά σημεία της πόλης χρησιμοποιείται η αμφιλεγόμενη λύση «διαχωριστική νησίδα στη μέση, και ένα όχημα ανά ρεύμα κυκλοφορίας». Και σ' έναν τέτοιο δρόμο, ένα ζεστό απόγευμα Σαββάτου βρίσκομαι να κινούμαι πίσω από έναν ποδηλάτη. Γενικά, όντας και ο ίδιος «μηχανόβιος», προσέχω πολύ τους δικυκλιστές. Τον συγκεκριμένο, λίγο ο τρόπος που πηγαίνει στο δρόμο, λίγο η φάτσα του, λίγο η αύρα του (μαύρο-μπλε με μωβ κόκκους), κάτι μου λέει να τον προσέξω ιδιαίτερα. Οπότε τον πλησιάζω και τον προσπερνάω πολύ πολύ αργά, με τα λάστιχα να ξύνουν σχεδόν τη νησίδα αριστερά μου.

Εκατό μέτρα παρακάτω σταματάω σε φανάρι. Πίσω μου έρχεται και σταματάει το βανάκι ενός υδραυλικού (από τον καθρέφτη διαβάζω: «Υδραυλικές Εργασίες, Θερμοϋδραυλικά «ο Μητσάκος», γραμμένο με μπλε, γαλάζια, και κόκκινα γράμματα). Καθώς «θαυμάζω» την τριχρωμία της γραμματοσειράς, φτάνει και ο ποδηλάτης, που σταματάει δίπλα στην δεξιά πόρτα του βαν, και κάτι λέει στον οδηγό. Μου φαίνεται απίθανο να γνωρίζονται, καθώς ο υδραυλικός είναι ένας ασπρομάλλης γύρω στα 55 με καλοσυνάτη έκφραση, που καμία σχέση δεν έχει με την «παράξενη» φάτσα του ποδηλάτη. Και αποδεικνύεται ότι δεν κάνω λάθος. Ο ποδηλάτης, λέει κάτι τύπου «τώρα θα σου δείξω», ανοίγει το τσαντάκι που φοράει στη μέση, και βγάζει από μέσα κάτι μεταλλικό. Τινάζει το χέρι του με μια γρήγορη κίνηση και αποκαλύπτεται μια λεπίδα 15-20 εκατοστών. Πρόκειται για μαχαίρι «πεταλούδα». Δίνει ένα μανιασμένο χτύπημα στο λάστιχο του βαν, με μια καινούρια κίνηση του καρπού κλείνει την πεταλούδα, τη ρίχνει στο τσαντάκι, φεύγει με κόκκινο προσπερνώντας μας, στρίβει και εξαφανίζεται σε μια κατηφόρα.

Ο υδραυλικός πίσω έχει μείνει αποσβολωμένος. Το φανάρι ανάβει πράσινο και ξεκινάω. Ο ποδηλάτης δεν έχει καταφέρει να τρυπήσει το λάστιχο με το χτύπημά του, αλλά ο υδραυλικός θα χρειαστεί σίγουρα νερό για να συνέλθει. Του παίρνει μερικά δευτερόλεπτα για να ξεκινήσει, και κρίνοντας από την εκκίνηση, μάλλον τρέμουν τα πόδια του.

Ποτέ δεν ξέρεις που παραμονεύει ο κίνδυνος. Κινείσαι ελπίζοντας το καλύτερο, περιμένοντας το χειρότερο, και ο Θεός βοηθός.